高校英语阅读教学研究

洪　芳◎著

吉林出版集团股份有限公司

图书在版编目（CIP）数据

高校英语阅读教学研究 / 洪芳著. — 长春 ：吉林出版集团股份有限公司，2023.4

ISBN 978-7-5731-3057-0

Ⅰ. ①高… Ⅱ. ①洪… Ⅲ. ①英语－阅读教学－教学研究－高等学校 Ⅳ. ①H319.37

中国国家版本馆 CIP 数据核字（2023）第 045683 号

高校英语阅读教学研究

GAOXIAO YINGYU YUEDU JIAOXUE YANJIU

著　　者 洪　芳

责任编辑 曲珊珊

封面设计 林　吉

开　　本 787mm×1092mm　1/16

字　　数 222 千

印　　张 10

版　　次 2023 年 4 月第 1 版

印　　次 2024 年 1 月第 1 次印刷

出版发行 吉林出版集团股份有限公司

电　　话 总编办：010-63109269

发行部：010-63109269

印　　刷 廊坊市广阳区九洲印刷厂

ISBN 978-7-5731-3057-0　　定价：78.00 元

前　言

阅读是个体的行为，阅读理解的过程是一种内心活动，于教师而言，阅读教学就成为语言教学中的一个挑战。然而，阅读能力的高低却是外语学习中重要的影响因素，阅读是人们获得信息的重要手段，通过阅读，我们可以获得知识，开阔视野，提升思维能力；通过阅读，我们也可以拓展词汇量，学习他人的写作方式，获得表达思想所需要的语言。因此，阅读教学又是英语教学中的重要内容。教师如何通过一节课、一门课程逐渐帮助学生提升阅读能力是我们需要思考的问题。词汇的学习、课文的理解、思维能力的培养等都需要通过精心设计的阅读教学活动来实现。

英语阅读不仅是英语学习的目的之一，同时也是英语学习的主要手段和途径。英语阅读可以让学生增长知识、获取信息，同时还可以让学生的视野得以扩宽，思维逻辑能力得以锻炼，理解能力得以加强。高校的英语阅读教学是提高学生英语水平的重要途径。在教学中，教师要积极探索，找出适合学生的教学方法，并注意在教会学生基本阅读技巧和能力的同时，让学生正确地认识到英语阅读的重要性，培养学生终生阅读的良好习惯。随着新课程改革的实施和素质教育的推进，在当前的高校英语阅读教学中，实现教学的高效性是素质教育的客观要求。高校英语教师必须行动起来，根据学生的情况找到一套与之相适合的教学方法，指导学生完成大学阶段的英语阅读课程的内化，让学生掌握阅读的基本技能。要想从根本上提高课堂教学效率，实现教学的高效性，首先要正确认识到高校英语阅读教学中存在的问题，改进教学方法，让学生的阅读能力得到更大的提升。

图式理论概念自问世以来，得到了语言习得理论的广泛关注。国内外众多语言学家也逐渐意识到图式理论在指导英语学习中所起的巨大作用，因而他们就如何在英语课堂教学中高效地运用图式理论展开了全面的研究。

全书在结构上共安排了九章内容，具体如下：第一章就阅读素养、目的、过程、策略与评价进行简要介绍；第二章从英语阅读教学的困境与出路入手，分析当前高校英语阅读课堂教学存在的问题；第三章是阅读与词汇的基本论述，阐明了词汇是英语阅读的核心；第四章介绍了高校英语阅读教学，确保在阅读教学实践中实现阅读教学质量的提升；第五章是对新时代背景下高校英语阅读教学策略的解读；第六章主要介绍了高校英语阅读课程的有效设计；第七章介绍的是高校英语阅读课堂的有效导入；第八章介绍了图式理论的概念解读及其分类；第九章对高校英语阅读教学应用图式理论的必要性和重要性进行了阐述。

由于笔者水平有限，书中难免存在不妥甚至谬误之处，希望广大学界同人与爱好者批评指正。

洪　芳

目　录

第一章 阅 读

阅读是人们日常生活中不可或缺的一项活动，如读书、看报、欣赏散文和诗歌等。然而，人们对阅读的了解非常有限，因为阅读是人的大脑中快速发生的一种认知活动（Harris & Sipay，1990），阅读的过程是我们无法观察到的，也是我们无法进行自我描述的，因此，研究阅读相对而言就比较困难。不过，前人的研究也提供了一定的成果，这就让我们有了一定的基础，能够对阅读以及阅读过程进行解读。本书探讨的是通过英语来进行阅读。当我们试图去给阅读下定义的时候，经常会提到下面这三组词汇（Nuttall，2000）：

（1）解码、破译、辨认；

（2）发音、吐字、表达；

（3）理解、反应、意义。

第一组词主要强调的是对书面语的辨认，也就是说，如果读者不认识所读文章的词汇，那么也就谈不上阅读。所以，持有这种观点的教育者会在开展阅读教学的早期，训练读者快速辨认单词的能力。第二组词主要强调通过读来教会学生发音和流利的口语表达。持有这种观点的教育者将大声朗读作为课堂教学的常用手段。然而，这两组词汇并没有接触到阅读的真谛。任何一种阅读都是一种心理活动，阅读是从书面文字中建构意义（Harris & Sipay，1990；Day & Bamford，1998）。读者在阅读时总是试图理解作者想要表达的意思，因此，理解意义才是阅读最重要的目的。阅读就是读者和作者思想碰撞的过程，是意义转换和迁移的过程。第三组词指读者对所读文本意义的理解以及自己的反应。总体而言，作者在写作过程中选用最能表达自己意思的语言，但读者在阅读过程中则需要对文字进行理解，并利用自己的语言知识、认知能力以及对该话题的已有知识对文本意义进行建构，有时还可能会读出不同于作者本意的新的感悟，这就是阅读的魅力。

第一节 阅读素养

人类的语言活动总在一定场域内进行，《欧洲语言共同参考框架》（以下简称《框架》2008）指出，语言使用的四大重要场域为个人、公众、教育、职场。个人使用语言主要是为了与家人、朋友等进行交际，参与个人社会活动。公众场域的语言使用主要是为了参与在公共场地进行的日常社会交往、娱乐活动等。教育场域的语言使用主要发生在正规学校、培训学校等教育机构。职场中的语言使用则发生在与职业相关联的场合。这四个场域对阅读能力也提出了不同要求，我们在教育场域中可能是通过阅读进行学习，获取知识，但我们在职场场域中则可能需要通过阅读来完成工作。这就要求我们对阅读素养进行定义，我们到底要培养学生怎样的阅读素养才能使他们能够胜任未来的工作，满足生活的需要？关于21世纪人才到底需要怎样的能力，美国劳工部（U.S.Department of Labor）SCANS（获得必要技能的秘书委员会）报告（1991）可能是被引用最广泛的文献了。该框架指出，人们需要具备获取、组织、理解、评价和处理信息的能力。框架认为，一个好的读者应该能从不同类型的文本（如说明书、图表、时刻表等）中获取准确信息并完成任务，他也能从文本中抓住大意和关键信息，推断生词的意思，评价文章的好坏等。这段表述表明，获取信息、处理信息以及评价信息的能力是现代社会非常重要的能力。不过，随着网络的发展，人们的阅读内容和阅读方式也发生了巨大的变化，许多内容不再是经过加工的优秀读物，而是鱼龙混杂、五花八门。读者仅仅能够抓住大意已经远远不够了，他们需要对所读内容进行批判性阅读，知道如何从海量的信息中找到应该重点关注或值得关注的信息，即对评价信息能力的要求越来越高。因此，阅读素养应该包括获取信息、理解信息、反思信息、选择信息、评价信息等的能力，只有具备这样的阅读素养，人们才能很好地适应未来社会。《框架》（欧洲理事会文化合作教育委员会，2008：69）对总体阅读理解能力进行了描述。

对阅读理解能力的划分主要依据以下这几个方面：阅读文本的文体、题材、长度和复杂度、语言难度等。此外，这一《框架》对阅读理解能力的界定也包括“赏析”“读懂言外之意”“评论”等字眼，表明阅读理解能力的最高境界是推理和批判性阅读，这也是构成阅读素养的重要因素。

根据PISA（国际学生评价项目）的报告（OECD，2000，2009a，2009b），以培养阅读素养为目标的教学将超越对一般阅读能力的培养，使阅读不仅仅停留在对文本表面文字的理解，还强调读者为了不同的目的而阅读，强调他们对文字信息的理解、使用和反思，强调读者通过积极主动的思考和与文本的互动来获取信息，不论是为个人还是为公众事业，为学习还是为工作，他们都将为自己成为积极的公民和终身学习者而进行阅读。阅读素养是人们通过阅读不断发展的知识、技能和策略，这种发展也离不开人与人之间的互动与交流，这种发展是终身学习的结果。PISA强调，阅读素养重视读者在阅读文本过程中的积极作用。读者不是被动接收文本内容和其所传递的信息，而是积极主动地建构意义。阅读的目的不再只是受教育或找工作，还包括一些非功利性的目的，如丰富阅历、陶冶情操。PISA 认为，阅读是人生获得成功的前提条件。阅读技能包括抓大意、抓细节信息、归纳总结、预测、分析关系等，这些技能在日常生活中也一样重要，因此，如果学生能够顺利地将这种技能迁移到学习、工作和生活中，那他们的人生也会获得成功。此外，阅读也是学好其他课程的前提条件。人们不会仅仅为了读书而读书，阅读往往是获得教育和自我发展的重要工具。

第二节 阅读目的

日常生活中，读者会接触到不同类型的读物，他们在阅读不同类型的读物时会产生不同的阅读目的。阅读主要有三种目的：第一种是为生存或生活而阅读，如阅读地图、说明书、标签、菜单、电话簿等，主要是为了找路、了解产品使用方法、选择饭菜、查找电话号码等。第二种是为学习或获取信息而阅读，如阅读报纸、杂志、教材等，这种阅读主要是为了了解一些信息，如最近有什么新闻、最新发展状况等。第三种是为了消遣娱乐而阅读，如阅读小说、故事、诗歌等。读者在阅读这些作品的时候，主要是为了欣赏作品，从阅读中获得享受。纳维兹、范·登·布罗克和鲁伊斯（Narvaez, van den Broek & Ruiz，1999）认为阅读分为两类，但和上面谈到的三类还有所不同。他们认为，一种阅读是为了学习而读，另一种阅读是为了娱乐而读。为学习而阅读不太能激发读者的阅读兴趣，阅读过程牵涉不断地回读、理解和记忆，读者在阅读过程中可能会因为要完成学习任务而无法感受到阅读的乐趣；而休闲阅读则能够让读者更多地关注内容和情节，读得更投入，也能获得更多的乐趣。

斯旺本和德·格洛珀（Swanborn & de Glopper，2002）将母语阅读目的分为三类：①为获得乐趣而读，也称自由阅读，没有具体目的；②为获得信息或学习一些知识而读，比如通过阅读学习地理、历史或生物知识等；③为理解文章而读，比如要读懂文章细节，与主题相关的词汇、语法等。那么，英语阅读目的和母语阅读目的又有什么不同之处吗？邹启明、周瑞琪（2004）在前人研究阅读目的的基础上对中国学生英语阅读目的进行了研究，他们认为，中国学生阅读英语的目的有三大类：①为提高英语水平而阅读，比如扩大词汇量，提高英语水平；②为获取信息、知识而阅读，比如了解西方文化，增长知识；③为功利性目的而阅读，比如为了提高考试成绩、出国、找到好工作等。两者相比，母语阅读和英语阅读的共同目的是“获取信息”。不同的是，英语阅读的学习性质更为明显，读者阅读英语更多的是为了学习这门语言，或者去英语国家留学或去外企工作等。

我们可以根据读者的阅读目的和阅读材料的类型，来区分不同的阅读理解类型。

一是字面意义的理解：目的是理解、记忆或回忆文章中所要表述的信息。二是推理性理解：指运用读者的已有知识和生活经验以及直觉通过推理去寻找文章中隐含的信息，即理解言外之意。三是评论或评价性理解：目的是把文章中的信息或作者观点等与读者本人知识和价值观念做比较，对文章做出评价。四是欣赏性阅读：目的是从文章中得到感情或其他方面的共鸣。阅读理解类型的划分对阅读教学有借鉴意义，教师可以根据阅读理解的不同类型对学生进行阅读训练。有的学者（陈莉萍，2006）认为，阅读目的不同，阅读的过程也会不同。比如，有的人在读小说、看报纸、阅读说明书的时候属于接受性阅读，主要是获取信息，并不会过多思考；有的人则是读一读，停下来思考一下，看前后的观点是否一致，这种属于反思型阅读；有时候，人们只是想大体上了解文本的信息，那么他们可能只看标题或开头句或开始段落等，这属于浏览性阅读；还有的时候，人们希望快速发现具体的信息，如时刻表上的相关信息等，这种属于扫描阅读；再有的就是精读，人们有时读到好的作品，会对文本进行仔细研究以鉴赏文本中的佳句。也就是说，阅读目的不同，人们在阅读过程中所采用的策略可能也会不同，甚至在读一个材料的时候，不同阶段也会有不同的阅读目的，相应地会采用不同的阅读形式和策略。邹启明、周瑞琪（2004）就大学生的英语阅读目的和篇章处理策略的关系展开了研究。研究结果表明，以获取信息、知识为目的的英语读者在篇章处理中更多地采用宏观篇章处理策略（如预测、整合信息、推理等），而以提高英语水平为目的的英语读者则更多地采用微观篇章处理策略（如猜词、语法分析、翻译等）。

此外，还有学者对阅读目的和阅读效果进行了研究。斯旺本和德·格洛珀（Swanborn & de Glopper，2002）的研究表明，阅读目的不同，人们从阅读中附带习得的词汇也不同，越是目的不明确的阅读，附带习得的词汇越少，而目的明确、任务明确、压力比较大的阅读就能让读者附带习得很多词汇。也就是说，在母语阅读中，如果阅读的目的是消遣娱乐或学习知识，那么，读者的关注点在大意上，并不太能通过这类阅读扩大词汇量。而当阅读的目的是学习或深度研究一篇文章，那么，读者可能更加关注词汇的使用，从而不自觉地对词汇进行了记忆，扩大了词汇量。那么，英语阅读目的和学习效果有什么样的关系呢？不同的英语阅读目的可能会导致不同的阅读效果（邹启明，周瑞琪，2004），如以获取信息／知识为目的的英语读者在阅读测试成绩方面优于以提高英语水平为目的的读者。这种研究结论对教学的启示是，阅读还是不能急功近利，所谓欲速则不达，如果我们能回归阅读的第一目的，即获取信息，反而能够更好地提升我们的阅读能力和阅读效果。

第三节 阅读过程

阅读过程发生在人的大脑中，学者们对人们在阅读中的思维过程非常感兴趣。埃里希（Ehrich，2006）对维果斯基提出的内心活动与阅读过程的关系展开了研究，对前人的研究成果进行了梳理，发现不少研究都表明，内心活动和语言学习、语言应用、语言发展有着重要的联系，它在阅读过程中发挥的作用尤为重要。埃里希（Ehrich）提出，内心活动在阅读过程中有两重作用：第一重是当读者在阅读过程中遇到高频词时，会在内心将所看到的文字与主题以及脑海中存储的词块相关联，迅速解读出文字所传递出的意义；第二重是当读者在阅读过程中遇到生词时，会利用上下文不断揣摩，同时会调取脑海中的相关经验来推断或猜测该词的意思。这个研究揭示了阅读过程与内心活动的关系，这种关系对阅读教学的启示就是，教师可以为学生创造激发其内心活动的平台，从而让他们的阅读过程充满乐趣。语言水平越高的学生在阅读中遇到困难时，会反复读并找到上下文中能帮助他们理解的线索，也会寻求教师反馈，这些手段都能帮助他们获得大意并解决词汇问题。他们似乎非常在意读懂每一句话，但是，并不是知道答案就算了，而会反复读，直到自己完全读明白了为止。相反，语言水平比较弱的学生在阅读过程中更容易满足于一知半解，稀里糊涂地读完整篇文章，导致自己在阅读理解方面产生极大困惑。这一研究说明，教会学生如何准确找到文章中有利于理解的线索十分重要，教师有必要对学生进行相关阅读策略的训练。

还有研究表明，阅读的过程就是意义建构的过程，学者们提出阅读过程的两个理论模型：图式理论和互动理论。图式理论认为，阅读理解就是将新知识与已有知识融合的过程。图式理论最核心的观点就是，读者在阅读过程中不是白纸一张，他们对世界有着自己的看法，对各种话题也多少有所了解，即有着所谓的背景知识；同时，他们也有一定的单词量，这些知识在读者大脑中形成一张图，使得读者在阅读时能不断地把从文章中读到的内容和自己已有的这些知识建立联系，从而获得一张补充过的新图。换言之，读者所具备的经验型或概念型知识能够在阅读过程中被激活并帮助读者理解整合所读内容。另一个理论模型是互动理论，该理论与图式理论也是紧密相关的。互动理论认为，阅读是一个思维高度活跃的过程，在这个过程中，读者需要和自身、所读文章以及阅读环境进行互动。也就是说，读者需要调动自己的已有知识，采用多种策略来建构文本的意义。在这个过程中，读者是一个积极的参与者，而不是被动地利用自己的语言知识来读懂文本。

还有一些学者认为，人们对阅读过程的理解大致分为三类：一是行为主义视角下的阅读，二是心理语言学视角下的阅读，三是社会建构主义视角下的阅读。行为主义认为，阅读是一种被动的过程，读者只是将眼光扫过文字，在大脑中辨认出单词及其发音，其含义自然就出现了，当读者能够朗读出这些文字后，将单个文字的信息串联在一起，所读内容的意思也就非常清晰了。行为主义阅读模式强调单词及其意义的准确辨认，其背后的含义其实是指向作者的写作意图的，他们认为所有文字所要表达的意思都是由作者决定的，读者的阅读目的不过是准确地理解这些意思，因此，阅读教学应该注重如何帮助学生能够理解准确，而不允许其对所读内容有不同的理解。而心理语言学则认为读者在阅读过程中应该扮演更加主动的意义建构者的角色。读者和作者是有心理互动的，读者会尝试带着自己已有的知识、观念、问题，利用各种策略，通过不同的推理方式去理解文本的意义，边读边思考，对于文本中的信息，可能与作者想的理解一致，也有可能由于经历不同、拥有的知识不同而产生不同的理解。他们不是被动地去找到所谓的正确答案，而是利用自身的经验和知识，建构出自己的理解，赋予文本更为鲜活和多彩的意义。

社会建构主义的观点是，每个人都是社会的一员，其自身经验也在很大程度上受到社会与文化背景的影响，因此，他们对文本意义的建构其实取决于成长环境将其塑造成什么样的人，拥有什么样的思想。来自不同的阶层、种族、性别、宗教和经济背景的读者在阅读同一篇文章时，可能建构出来的意义是非常不一样的，他们不可能完全客观地去阅读、去理解作者的意义；相反，阅读过程对于他们而言也是一次再创作的过程，他们所读出来的东西，其实是带着各自的社会文化视角去解读出来的。如果说心理语言学指出了人们在阅读过程中是带入了自己的知识和理解去建构意义，而不是一味追求找到作者的本意，那么社会建构主义则是将读者的意义建构能力放在更加重要的位置。这就不仅使读者能够与文本互动，更重要的是推动他们去批判性地阅读。他们会意识到，作者的观点也代表其所在的社会文化的特点，打上了时代的烙印，也会有局限性，读者完全可以有自己的理解和解释。

第四节　阅读策略

从前面阅读过程的介绍中我们可以看出，阅读其实有两个层次：①再现，即在头脑中看到书面文字所要描述的场景；②理解，即通过读者自身的已有知识，对第一层面获得的视觉化信息进行解读，并重构作者意图传达的信息。善于阅读的读者具有以下特点（王蔷，2006：178）：

（1）带有明确的目的进行阅读。

（2）多采用默读。

（3）阅读时以意群为单位而非以单词为单位。

（4）关注重要信息，跳过不重要的部分。

（5）根据阅读任务采取相应的阅读速度和策略。

（6）在阅读英文时能够理解而非翻译文本信息。

（7）可以通过上下文猜测生词的意思，不重要的生词选择忽略。

（8）利用自己已有的背景知识来理解课文。

所谓阅读策略就是“阅读者在阅读活动中进行有效阅读或解决阅读问题而采取的方式、技巧或行为。阅读策略既是内隐的规则系统，也是外显的操作程序或步骤”（李炯英，秦智娟，2005：43）。阅读策略指的是读者关注文本的哪些信息，通过何种手段理解所读内容，当他们遇到不懂的内容时采取什么措施（Block，1986）。也可以说，阅读策略是读者在阅读过程中所采取的心理活动。

一、阅读策略的分类

关于阅读策略的分类，李炯英、秦智娟（2005）总结了早期研究者如下几种最具代表性的分类。

霍森菲尔德（Hosenfeld，1977）认为，成功阅读者使用的策略可以分为九种：①边阅读边思考意义并预测意义。②通过上下文猜测词义。③对已读过的内容做标记来解释生词。④研究图解并使用其中的信息来帮助理解。⑤阅读题目并从中做出推论。⑥参考注解。⑦辨认同源词。⑧使用常识来解释不熟悉的单词。⑨跳读。

布洛克（Block，1986）则把阅读策略分为两类：综合策略和局部策略。前者包括预测内容、辨认文章结构、综合信息、质疑文章的信息、解释文章、使用常识、对行为或过程进行评价、监控理解、纠正行为和对文章做出反应；后者包括释义、重读、对句子意义的质疑、对单词意义的质疑和解决词汇问题。

萨瑞格（Sarig，1987）提出四种类型的阅读策略：①有技巧的策略：略读、浏览、跳读、在文中写下关键字、对文章内容做出标记、在页边写出段落大意、使用术语表。②归类和简化策略：替代、用自己的话解释、婉转陈述、同义词。③衔接发现策略：有效使用内容图式和知识图式来预测下文、辨认文章中的人物及他们的观点和行为、文章意义的连续解码、使用文中给出的总结、辨认出文章的重点。④监控策略：意识到计划的改变并完成任务、放下不懂的地方、调整阅读速度、纠正错误、进行自我评价。

奥克斯福德（Oxford，1990）提出的学习策略系统中，有一部分是有关阅读策略的。比如，认知策略包括总结、解释、预测、分析、使用上下文暗示等阅读策略。记忆策略包括通过重组和联系形成心理概念、语义影射、使用关键词、利用词汇联想等阅读策略。补偿策略则包括类推、阅读中猜测、查阅词典等阅读策略。元认知策略包括在阅读过程中有目的地集中注意力、自我监控和纠正错误等阅读策略。情感策略包括阅读者的自我鼓励行为、减少焦虑和激励阅读。最后，社会策略包括阅读过程涉及与其他个体、与同伴的合作、质疑、要求修正和反馈。

除此之外，还有不少学者也对阅读策略的分类展开研究。如安德森（Anderson，1991）基于自己的一些研究提出了三大类阅读策略：认知阅读策略、元认知阅读策略和补偿阅读策略。

认知阅读策略包括：①预测文章或部分章节的内容。②利用语法知识来理解不熟悉的结构。③通过抓大意理解文章的主要观点。④扩大词汇量和语法知识。⑤利用已有知识猜测生词的意思。⑥通过分析主题、文体和联想来帮助理解。⑦区分观点和事实。⑧分解长难句来帮助理解比较难的阅读材料。⑨在母语和英语词汇间建立联系。⑩利用思维导图理解相关内容。⑪通过写阅读摘要来帮助理解大意。

元认知阅读策略包括：①确定自己需要重点突破的方面，设立目标。②读新材料之前，列出相关词汇。③与同学相互帮助，发展阅读策略。④不放过任何实践机会，不断进步。⑤思考并总结自己所学到的，评价自己在阅读方面做得如何。

补偿阅读策略包括：①利用已有知识提升阅读理解水平。②通过记笔记帮助自己记下重要的细节信息。③记住所读内容以帮助提升阅读理解能力。④回顾所读文章的写作目的和语气以便更有效地记住所读内容。⑤在脑海中形成画面以更好地理解和记忆所读内容。⑥复习主要内容和细节以帮助记忆。⑦利用肢体语言帮助自己记住所读内容。⑧将生词归类以帮助更好地记忆。

格拉贝和斯托勒（Grabe & Stoller，2005：83）则提出以下 22 种阅读策略：①确立阅读目标。②制订阅读计划 / 阅读步骤。③预习课文。④预测阅读内容。⑤验证预测。⑥提问 / 质疑。⑦找寻答案。⑧将所读内容与背景知识建立联系。⑨概括信息。⑩进行推断。⑪建立文章内部的关联。⑫关注文章结构。⑬再读。⑭根据上下文猜测新单词的词义。⑮利用语篇标识词来分析前后关系。⑯验证阅读理解。⑰发现难点。⑱采用修复手段纠正错误的理解。⑲评论作者。⑳评论文章。㉑判断目标达成的程度。㉒反思从文章中学到的内容。

以上分类虽然多种多样，但总结起来看，大概可以分为三大类策略，第一大类包括对文章意义的解读、对内容的预测和对词汇的处理（包括猜测词义、解释词义等）。读者在阅读过程中需要通过这些策略来读懂文章。第二大类是监控策略，也就是说，在阅读中读者会对自己的阅读过程进行思考，采用修复手法不断进行自我纠正，修正错误的理解。这类策略也是读者实现阅读理解的重要手段。第三大类包括另外两种比较重要的策略，即情感策略和社会策略，读者在阅读过程中会不断鼓励自己，让自己产生阅读的兴趣，在需要合作的时候也能够与他人一起质疑、寻找阅读理解的线索、解读信息等。

需要注意的是，每个读者在阅读时采用的策略并不完全一样，同一个读者在阅读不同内容的材料时所采用的策略也不一样。学习成功者与不成功者在使用阅读策略上的差异告诉我们，学习策略的使用能促进学生更好地学习英语，因此如何在课堂教学中分步骤地、有效地、反复地进行学习策略的培训是很有必要的，并且国内其他学者对学习策略的研究（文秋芳，2003）也表明高分组与低分组在管理观念策略、形式操练策略、功能操练观念策略和依赖母语观念策略上存在系统差异。那么，对教师而言，选择合适的材料，设计有效的策略，并将之融入课堂教学，从而培养学生良好的阅读习惯，挖掘学生的阅读潜力，鼓励学生参与阅读，独立阅读，成为一项义不容辞的责任。

二、中国大学生阅读策略的使用情况

由于本书针对的是大学英语教学，作者只就大学生阅读策略有代表性的研究成果进行介绍，这些研究大致可以分为三类：第一类主要研究大学生使用阅读策略的现状。比如，张文生（2010）对四所高校英语专业和非英语专业学生的阅读策略运用情况进行了研究，调查结果显示，大学生特别是非英语专业的学生英语阅读的兴趣不高、阅读效果不佳。非英语专业的学生选择最多的阅读策略是"查字典识单词""重句子，轻全文"和"按顺序，读文章"，他们也较多地使用"靠翻译，识句子"的策略。而英语专业学生对阅读策略的认识明显优于非英语专业的学生，在适用策略方面也稍好一些，他们会利用"构词法，识单词"和"看问题，找答案"的策略。第二类主要研究策略与阅读水平的关系。比如，文秋芳（2003：20）认为"策略对英语成绩的预测力受到学生英语水平的影响，对差异较小的低水平学习者群体和高水平学习者群体的英语成绩没有预测力，对水平差异大的学习者群体成绩有一定的预测力，但预测力不高"。刘慧君（2004）对 64 位英语水平相近的学生展开调查，研究结果表明，就元认知策略使用频率而言，除了在评价类策略的使用方面体现较大差异以外，学生在计划、选择注意、监控这三类的使用频率均比较接近。此外，评价类元认知策略对英语阅读成绩有一定的预测力，也就是说，元认知策略的使用频率与英语阅读有一定的关系；反之，阅读水平越高的人也往往更具有使用元认知策略的意识。还有一类则是研究阅读能力好的学生和弱的学生在使用策略方面的区别或特点。刘丹丹（2002）的研究发现，中国英语专业大学生使用阅读策略较频繁，特别是词汇技巧、略读和浏览的使用，且不少策略和阅读水平有紧密联系。成功阅读者与不成功阅读者在阅读策略使用上存在明显差异，主要体现如下：阅读过程中，不成功阅读者仅仅在对字面意思进行解码，拘泥于局部理解，忽视整体理解。成功阅读者不仅在使用策略数量上多，而且能更有意识、更灵活恰当地使用这些策略。刘亦春（2002）对非英语专业的大学生展开了研究，发现学习成功者在宏观调控与自我评价等策略上都优于学习不成功者，而且他们更愿意自觉地进行一定量的课外阅读。研究结果显示，学习成功者与不成功者在 11 项策略的使用上存在显著差异。学习成功者更多地使用元认知策略及功能操练策略，不成功者更多地使用“默朗读”和“心译”的策略，而这两种策略对学生的阅读速度及对文章的通篇理解都起着很大的制约作用，也会对培养学生的英语思维能力及对文章的整体理解能力产生极大的不良影响。姜向东、高嵩（2009）的研究揭示了一个成功英语学习者对于两篇不同类型的文章所运用的阅读策略，以及如何运用这些策略。研究表明，受试者根据不同语篇和阅读目的灵活地以元认知方法运用不同的阅读策略。她能够监控自己的理解并采用批判性的阅读和思维，能够运用个人知识和常识与文章内容进行联想，还能有效进行预测、猜词等阅读策略。类似这些研究有助于我们了解哪些阅读策略比较有效，从而可以对阅读能力比较弱的学生进行培训。

国内外学者早已尝试将阅读策略训练融入阅读教学中。研究表明，参与策略训练的学生对英语阅读策略的概念、意识、感觉等都产生了积极的影响，尤其是显性策略训练对成年二语学习者阅读策略使用能力的提高效果显著。显性策略训练是指告诉学生策略使用的价值、训练的原则、目的以及预期效果等，让学生在不断学习、体验、反思、提炼中学习策略。孟悦（2004）采用显性策略训练的方法对大学生进行了实验，结果发现，策略训练对学生英语阅读理解能力的提高产生了积极的影响，策略训练极大地提高了实验组学生把握文章中心思想、进行综合性推理和推测词义的能力，策略训练对提高学生阅读理解的流利性具有明显的直接作用。而董连忠（2012）采用显性和隐形策略训练对非英语专业学生进行训练的实验表明，虽然实验组和对照组在阅读成绩提升方面没有表现出显著性差异，但从学生感受来看，显性阅读策略教学能更有效地增强学生的阅读策略使用意识、提高阅读水平，按不同体裁有针对性地进行限时训练，尤其是加强元认知策略训练，可提高策略使用的系统性和时效性。乌尔劳布（Urlaub，2012）对斯坦福大学 22 位来自德国的大学本科生进行了实验研究，研究对学生的阅读策略培训是否能提升其批判性阅读文学作品的能力。实验结果表明，对学生进行显性的阅读策略培训能够有效提升其与文本的互动能力并进行批判性阅读。此外，还有研究表明，元认知阅读策略和快速阅读策略训练在中国英语阅读课堂教学中的实施是可行的（马红，林建强，2007；潘黎萍，2006；曾祥敏，2009）。吴静（2006）的实验表明，元认知策略具有执行功能，具有较强的目的性、规划性，能够帮助学生减少学习中的盲目性和其他不良的习惯。认知策略的使用中，认知层次较高的策略，如逻辑推理、归纳概括等策略是提高阅读理解能力的关键。

从前人研究来看，阅读策略的培训应该被纳入语言教学大纲和教材编写中。国内外专家学者也对如何进行阅读策略培训提供了建议。刘陈艳、贺新（2004）建议，阅读策略的培训可以分两步走。

第一，培养学生使用策略的意识。

这一步骤的目的是让学生通过体验和反思，思考自己在阅读过程中使用阅读策略的感受。同时，在教师的引导下，学生尝试一些有效的策略，让他们意识到这些策略对他们的阅读会有很大的帮助。教师通过这两个方面的努力，可以帮助学生培养使用阅读策略的意识，重视策略的培训。

第二，进行具体的阅读策略训练。

这一步骤旨在培训具体的单个策略，教师需要解释它的内容及益处，演示如何在具体的材料中使用它，引导学生在实际阅读中进行应用。这样，学生在老师的指导下，有了亲身实践的经历，可以更好地理解策略的使用过程，对某个具体的策略印象更加深刻，在以后的阅读过程中可以更加自如地使用。

这样的两步应该非常有效，学生不使用阅读策略可能是不知道，也可能是知道但没有意识。教师如果能够先让学生体会阅读策略的好处，帮他们建立学习动机，再进行具体训练，学生可能会学得更快，用得更好。

威诺格拉德和黑尔（Winograd & Hare，1988，引自安德森，2004）提供了一种阅读策略教学可以采用的方法。他们提出，教师可以通过下面这六个问题来进行教学，引导学生思考，从而帮助他们掌握具体的阅读策略。

（1）所学的阅读策略到底是什么？有什么作用？

（2）为什么要学习这个策略？

（3）如何使用这个策略？

（4）什么时候需要使用这个策略？

（5）使用该策略时读者应该关注哪些内容？

（6）如何评价该策略的使用效果？

这六个问题有助于读者清晰地了解自己在阅读过程中到底该如何做，这对学生培养阅读策略，提升阅读水平十分有帮助。从这六个问题中我们可以看出，他们在对学生进行阅读策略培训的时候主要鼓励学生不断反思，学生在学习一种策略之后，会通过对这六个问题的反思，对策略的功能、效果、使用方法等方面进行全面回顾和思考，经过对这些信息的深度加工，使之与自己的内在知识体系建立紧密的联系，以便日后根据需要随时调取。

第五节 阅读的评价

阅读的评价其实是对阅读能力的评价。课堂教学时，教师可以通过提问来了解学生的阅读情况，而阅读测试时，测试题的设计则显得尤为重要。奥尔德森（Alderson，2011：29）根据格拉贝（Grabe，1991）提出的阅读教学原则对阅读测试与评价提出以下建议。

（1）阅读测试的文本要有内容，让读者产生兴趣，和自己的生活相关，与自己的阅读水平相匹配等。

（2）对学生一系列相关技能和策略进行测试，测试结果应该是诊断性的。

（3）应鼓励学生阅读比较长的文本，阅读测试任务不应太难，如果太难会影响学生的阅读兴趣。

（4）阅读评价中要充分考虑背景知识，让学生能利用背景知识来引导阅读。

（5）测试的设计者应该允许读者对文章有多种解读，试题应尽可能开放。

（6）如果不是高风险测试，教师可以设计小组讨论形式的阅读评价任务，教师可以记录学生在小组讨论过程中的观点和表现等。

（7）泛读是阅读教学中的重要形式，教师可以采取档案夹的方式记录学生所读内容以及学生的读后感等，以此来鼓励学生进行广泛阅读。

（8）阅读测试除了要关注阅读理解外，也应关注阅读速度，教师需要诊断学生自动识别文字并理解其意义的能力。

（9）有些测试因其对学生的升学、就业等有重大意义，所以学生在此类考试中可能并不能充分发挥其真实水平，解读此类测试结果时，教师要结合其他评价方式来考量学生的阅读能力。

（10）综合类测试，比如读写结合的测试，可能无法准确地反映学生的阅读能力。

（11）很多测试无法检查学生高层次思维的能力，只能检查学生对词汇、句法、文章字面或隐含意义的理解，而无法考查学生是否能综合利用所读信息对文章进行评价、反思等能力。教师需要探索新颖的评价方式。

（12）测试的设计者需要进一步思考如何针对阅读过程而不是阅读结果进行评价和检测。

奥尔德森（Alderson）提出的这 12 条建议显然是以服务阅读教学为前提的，首先，他特别强调对学生阅读兴趣的保护。阅读评价不是为了打击学生，而是为了培养学生的高层次思维能力，鼓励学生广泛阅读、热爱思考。这些建议对一线教师应该是非常有启发的。其次，他还提到了阅读评价的开放性问题。阅读本身就是一种个性化的学习活动，对同一份阅读材料（包括整本书），不同读者会有不同解读。这就要求我们在评价阅读时允许和尊重读者的多种解读。虽然这可能意味着评价比较主观，无法给出分值，但这也是对阅读兴趣的保护。最后，他也强调评价的过程性。比如，记录学生阅读量和读后感，如记录学生在讨论中的表现等。注重评价过程有时候比注重评价结果更有意义，更能促进学生坚持阅读的毅力。

我们谈论阅读评价就不可避免地要谈论阅读测试，如何能够更好地设计阅读测试题，使其更为有效地测量学生的阅读能力，始终是一个重要议题。在阅读测试领域，研究者们主要关注的是测试难度。阅读测试的难度分两种：一个是语篇难度，另一个是试题难度。一般而言，语篇比较难，测试的难度自然也会比较大，而阅读问题比较难，也决定了测试的难度。不过，一篇比较难的语篇也是可以提出比较容易的问题的，而一篇比较容易的语篇则可以提出比较难的问题。因此，如果学生得到的分数低可能是因为语篇比较难，没读懂，也可能是因为题比较难，不好回答。前人在研究阅读测试难度的时候，主要从两个方面进行，一个是看影响试题难度的因素，另一个是看影响语篇难度的因素。

影响试题难度主要有三个因素。

第一，测试题的语言。

目前的英语阅读测试题语言都是英语，这会产生一个问题：如果出题人用比较复杂的语言来编写题目，那么学生有可能是因为没有读懂题目而答错，而不是因为没有读懂文章。肖哈密（Shohamy，1984）曾经对试题所用语言进行过研究，他发现，选择题和开放题如果采用母语，学生会答得更好。这一研究发现可能对初学者的测试很有启发，对高水平的语言学习者来说，应该问题不大，但值得出题人对题目所使用的语言进行细致的推敲斟酌，确保不会成为影响学生答题的障碍。

第二，测试题的类型。

阅读测试题可以分为三种类型：第一种是基于文本的问题，即学生可以从原文中的某句话发现问题中出现的信息并找到答案；第二种是综合利用文本的问题，即学生需要将文本字里行间透露出的信息综合起来才能回答的问题；第三种是跳出文本的问题，即学生从文本中根本找不到答案，需要将所获取的信息与自己已有知识和经验相融合才能回答的问题。一般来说，这三类题型的难度是递进的关系。

第三，测试的阅读技能。

本书介绍了阅读技能，比如，推断词义的能力、推断言外之意的能力、抓大意的能力等。那么，阅读测试是否可以检测出学生对阅读技能的掌握情况呢？前人的研究表明，阅读测试几乎不可能对复杂多样的阅读技能进行全面的评估，阅读理解主要测试的应该是对文章大意的理解、对文章细节的理解、词汇知识、阅读速度等。

影响语篇难度的因素也是主要有三个方面。

第一，背景知识。

本书在前面谈到，阅读教学要注意运用学生已有的背景知识。从我们的第一反应来说，如果学生对阅读测试中所读语篇的背景知识比较熟悉，那在测试中的表现也应该很好；如果不熟悉，那就有可能影响他们对语篇的理解。事实上，前人对这个问题的研究并没有找到一个一致的答案，而是有两种结论。埃里克森和莫洛伊（Erickson & Molloy，1983）和布朗（Brown，1984）的研究表明，给工程专业的学生设计的阅读测试表明，母语为英语的工程专业学生比母语为英语的非工程专业的学生要考得好，他们不仅在与工程相关的题目上考得好，在纯语言方面的题目上也表现较好，这是否意味着背景知识对整体语篇的理解都至关重要呢？另一方面，科尔（Koh，1985）和佩雷茨和肖姆（Peretz & Shoham，1990）却得出了相反的结论，他们的研究表明，学生并不一定在自己熟悉的语篇上获得高分，测试结果与学生的语言水平高低更为相关，如果语言能力不够，即使对话题或研究领域再熟悉，也无法考好。不过，我们是否可以推测，在同等语言水平情况下，话题熟悉程度还是会影响阅读理解呢？

第二，回看语篇。

另一个与语篇难度相关的问题是是否允许学生回看语篇，也就是说，学生在答题时，是可以随时回看语篇或者不能回看语篇而是靠记忆和印象答题。从研究结果来看，这两种测试方式各有利弊。戴维和拉萨索（Davey & Lasasso，1984）的研究表明，学生能回看比不能回看要考得好；就题型而言，能回看时区别不大，不能回看时，选择题比开放题要容易作答。约翰斯顿（Johnston，1984）的研究表明，能回看时，我们可以检测学生能否通过上下文找到所需要的信息；不能回看时，我们可以检测学生是否真的读懂并且理解了文章的大意。

第三，语篇长度。

在阅读测试的研究中，语篇长度是一个很重要的议题，但似乎缺乏研究。我们能找到的相关研究也比较有限。超过 1000 字的语篇可以有效检测出学生的阅读理解能力。这一领域还有待学者们展开进一步的研究。

前人对阅读测试难度的研究为一线教师提供了设计阅读测试任务时可以借鉴的依据。教师对学生的阅读进行评价时要考虑影响语篇难度和测试难度的六个因素，使设计出的阅读测试题能够更加全面准确地检验学生的阅读能力。总体而言，测试题的指令语如果用英文，要确保没有歧义，学生能够读懂。根据学生水平的不同，选择不同的测试类型或者在阅读测试中按一定比例涵盖所有三种类型的试题。另外，在测试题中更多的是考查大意和对细节的理解以及词汇语法知识等。就阅读材料的选择而言，还是可以考虑采用一些学生熟悉的话题，并且要考虑选用适当长度的材料作为阅读测试的内容。如果需要检测全面的阅读能力，建议允许学生根据自己的需要回看文章进行答题。

阅读理解题一般要求读者在读完一篇文章后完成一些任务，包括选择填空、回答问题、完成图表、续写结尾等。阅读理解设计最成熟的要数国际学生评估项目（Programme for International Student Assessment，PISA；2000）。作为国际大型测试，PISA 的测试框架考虑到了阅读的各个方面，主要包括阅读领域、文本特点以及测试题的编写。阅读领域是指在“阅读素养”中谈到的个人、公众、教育、职场四大领域，PISA 检测的是人们在课堂内外带着不同目的进行阅读的能力，因此，该测试体系所选择的阅读文章涵盖了不同领域。PISA 测试所用到的文本根据不同特点可以分为连续体文本和非连续体文本两种。连续体文本指那些由相互间有逻辑关系的句子构成的段落进而形成章节甚至一本书的文本。它包括记叙文、议论文、说明文等文体。而非连续体文本包括列表、图表、广告、票据、地图等。这两类文本需要用到的阅读能力不同，因此，对阅读的评价应该给被试者阅读这两类文本以全面考察他们的阅读能力。

从前面的讨论来看，无论是阅读测试还是课堂阅读教学，如何选择高质量的问题以检测读者的阅读理解能力都是阅读评价中的关键步骤。我们首先来了解问题的分类。布鲁姆的认知分类法是最得到广大研究者认可的方法。这种分类包括六个层次，第一层次的问题指向最低认知层次，第六层次的问题则指向最高认知层次。具体如下。

（1）关于知识的问题：这类问题属于最低层次，主要检测读者是否能记住所读文章的信息，答案一般直接从文章中能找到。比如：Who discovered America?

（2）理解类问题：主要检测读者是否理解了文章内容。比如，能否用自己的话转述文章内容，利用文章信息解释某个现象发生的原因等。比如，What does this word mean? How do their views differ in terms of life style?

（3）应用类问题：主要检测读者能否将从文章中学到的内容应用到新的情境中去。比如：How can you solve this problem using the principles in the passage?

（4）分析类问题：主要检测读者能否对文章的写作手法、人物关系、元素等进行分析。比如：How does the author justify his opinions?

（5）综合类问题：主要检测读者能否综合所读文章信息去归纳、总结、提升一些内容。比如：What are the common causes of these natural disasters?

（6）评价类问题：主要检测读者能否对所读文章的观点、写作方式、所用材料等进行评价。比如：What do you think of the author's point of view?

下面我们以两篇文章的问题展开讨论，读下面的短文并回答五个问题：

Yesterday I saw the palgish flester gollining begrunt the bruck.He seemed very chanderbil，so I did not jorter him，just deapled to him quistly.Perhaps later he will besand cander，and I will be able to raengel to him.

（1）What was the flester doing，and where?

（2）What sort of a flester was he?

（3）Why did the writer decide not to jorter him?

（4）How did she deaple?

（5）What did she hope would happen later?

这篇文章由于采用的是真假词混合的写作方式，读者可能读不懂意思（因为根本就是不存在的单词），但是完全应该能从文章中找到以下答案：

（1）The flester was gollining begrunt the bruck.

（2）The flester was palgish.

（3）Because he seemed very chanderbil.

（4）She deapled to him quistly.

（5）She hoped later he would besand cander and she would be able to raengel to him.

我们分析其中的原因不难发现，这些问题属于第一层次的问题，读者不需要读懂文章，而只需要根据一些对词汇和语法的基本知识（比如带 -ly 结尾的单词是副词，带 -ing 结尾的可能是动词分词等），就能判断出答案在文中的位置，然后把它抄下来就可以了。可以想象，如果用这样的问题来检测读者的阅读能力是十分不准确的。

接下来，请读者阅读下面这篇去掉假词的原文并回答六个问题：

Yesterday I saw the new patient hurrying along the corridor.He seemed very upset，so I did not follow him，just called to him gently.Perhaps later he will feel better，and I will be able to talk to him.

（1）What is the problem described here?

（2）Is this event taking place indoors or outside?

（3）Did the writer try to get near the patient?

（4）What do you think she said when she called to him?

（5）What might the job of the writer be?

（6）Why do you think she wants to talk to the patient?

读完文章，读者会恍然大悟，原来这篇文章这么简单，但是，问题的回答是否也易如反掌呢？其实不然。第一、二、三个问题属于第二层次即理解类问题，需要读者完全读懂文章或个别单词的意思并用自己的话进行表述或解释。第一个问题无法应用文章中的一个短语或一个句子来回答，必须完全读懂并用自己的话归纳总结才可以回答。第二个问题读者必须理解 corridor 的意思才可以回答出来。第三个问题则需要读者理解 didn't follow 的意思。第四、五、六个问题属于第四个层次即分析类问题，需要读者根据自身的经验和文章中的情境去推测言外之意。第四个问题读者需要理解病人情绪低落，作者温柔地打了声招呼，根据这个信息，读者可以大概猜出这个招呼是怎么打的。第五个问题读者根据 patient 这个词，可以分析出作者的身份，不是医生就是护士。第六个问题更难，读者从作者说希望等到病人情绪好点再和他谈这一信息，可以推断出作者原本想说的话可能不是什么好消息，可能是关于病情加重的问题。这六个问题的设置非常精心，可以很好地考查读者的理解、分析、推断能力。从这个例子中不难看出，阅读问题的设置对考察阅读能力起到了至关重要的作用。教师在日常的阅读教学中就应该对提出的问题进行精心设计，培养学生的思维能力，在阅读测试题的编写中更要仔细思考，确保题目能够准确全面地反映学生的阅读能力。

PISA 阅读问题的编写与布鲁姆的分类不太一样，主要考虑以下五个方面。

（1）获取信息（Retrieving information）；

（2）整体理解（Forming a broad general understanding）；

（3）诠释意义（Developing an interpretation）；

（4）对内容的反思和评价（Reflecting on and evaluating the content of a text）；

（5）对结构的反思和评价（Reflecting on and evaluating the form of a text）。

PISA 在评价阅读素养时提出的五个方面是有不同考虑和不同特点的。其重点考查内容有两个，一是对读者从文中获取理解信息能力的考查，二是对读者综合运用知识能力的考查。前者主要看读者能否读懂原文，而后者则需要激活并调动已有知识和经验来对所读文章进行评价与深层次的思考。

下面我们以 PISA 2000 的一篇阅读文章为例，来看该测试体系是如何通过问题的设置来考查学生的阅读能力的。

这是两篇关于涂鸦的阅读文章，PISA 给出了这样几道题目：

（1）The purpose of each of these letters is to

A.explain what graffiti is.

B.present an opinion about graffiti.（答案）

C.demonstrate the popularity of graffiti.

D.tell people how much is spent removing graffiti.

该题目要求学生比较两篇文章的重点，从而归纳两篇文章的共同写作目的。这样的题目指向的是学生整体理解和诠释意义的阅读层次。

（2）Why does Sophia refer to advertising?

该题目要求学生推断出文章中两种现象之间的比喻关系，指向的是学生诠释意义的能力。

（3）Which of the two letter writers do you agree with?

Please explain your answer by using your own words to what is said in one or both of the letters.

该题目要求学生比较两篇文章的论断，并提出看法和态度。学生需要表现出对最少其中一封信有粗略理解。这就要求学生要具备对所读文章内容进行反思的能力。

（4）Regardless of which letter you agree with，in your opinion，which do you think is the better letter? Explain your answer by referring to the way one or both letters are written.

该题目要求学生比较两封以涂鸦为主题的短信，评价写信人的写作水准。学生需要根据题目对什么是好的写作风格的理解给出自己的答案。这是一道考查学生对结构进行反思的能力的题目。

以上这个例子表明，PISA 的阅读题目设计考虑到了阅读能力的不同方面。无论是布鲁姆的问题分类还是 PISA 的问题分类，两者都关注到了读者的理解能力、诠释能力、评价能力等。教师在对学生的阅读进行评价时也要关注学生的思维能力，而不仅仅满足于是否读懂这个层面。

阅读测试中，除了阅读理解是重要题型之外，完形填空也是一种最常见的阅读测试题型。完形填空是将一篇文章挖空，学生根据对文章的理解推断将挖空的词填回去。研究表明，这种测试方式可以有效检测出读者利用上下文及语言知识推断意义的阅读理解能力。但也有学者认为这种测试方式无法检测读者的阅读理解能力，因为我们无法判断读者是否读懂了这篇文章的整体意思，他们只需要将句子中缺失的单词补上，测试者就只能判定他们理解了该句子的意思，但并不知道他们是否能把句子与句子之间的意思读懂，从而实现对整篇文章大意的了解。因此，完形填空是阅读理解评价的一种方式，但只能评价局部，还需要其他评价方式来补充。

对阅读的评价是阅读教学中的重要环节，也是推动学生思维能力的形成以及批判性思维发展的重要手段。无论是课堂教学还是测试，教师都需要对文本以及问题或题目等进行精心挑选和设计，力求引领学生对文本进行深度解读，并激发学生的阅读兴趣，推动学生的阅读能力不断发展。

第二章　英语阅读教学的困境与出路

母语和英语环境下的阅读存在着纷繁复杂的差异。这些差异在帮助我们理解英语阅读特点的同时也表明了英语教学中所面临的许多挑战。面对挑战不能因此而消极，我们应当去反思并探讨当前英语阅读教学中所呈现的这些挑战。它们可以使我们更批判性地观察我们的阅读课堂，利用更创新的教学实践和实验来提高教学与学习的效率。同时，英语阅读的复杂性也激发人们去思考一些问题，比如母语的阅读理论和策略适用于英语阅读吗？母语阅读和英语阅读的差异无关紧要吗？毫无疑问，两个问题的答案是否定的，因为英语教学环境过于复杂而无法做出这样的假设。

束定芳教授在《外语教学改革：问题与对策》[①]一书中详细论述了英语教学的八大问题，涵盖了英语教学中的一些重要环节，如师资队伍培训、英语教学政策、课程设计与教学大纲制定、英语教学评估、英语课堂教学改革、英语教材编写、英语自主学习等。束定芳教授从宏观的角度论述了英语教学中所面临的各个方面的问题（束定芳，2004）。

本章从阅读教师的视角，以微观的角度去反思英语阅读，主要是在英语阅读的教学和研究中出现的，教师经常感到困惑的一些细节问题，以及这些问题对英语阅读教学的意义。

英语阅读研究与教学的困境主要包括以下三大方面：①母语阅读研究和英语阅读研究对英语课程开发与英语教学实践的意义。②由于英语研究和英语教学之间实际存在的矛盾及协同关系，很多英语研究一步一步地远离教学一线，但它们对英语阅读教学有重要的影响。③具有实质性的困境对英语教学的指导意义。

为了更加清晰地说明对英语阅读教师所存在的上述三个方面的困惑，我们提出了几个影响英语阅读教学的因素和困境来探索阅读研究以及母语和英语差异所导致的问题。一方面，这些问题是挑战也是机遇，但在本质上是非常实用的，对英语阅读教学有直接的启示意义。另一方面，这些问题对英语阅读教学有着很重要的影响。尽管它们可能一步一步地远离英语阅读课堂教学，并且远非阅读教师可以掌控，但它们直接与英语阅读研究的理论和实践密切联系。在任何情况下，我们都需要记住对这些问题的研究可以直接关系到英语阅读教学的成效以及教学目标的实现，同时也应该意识到某些研究可能的局限性可以使我们更好地理解和诠释很多研究报告中对于英语阅读教学理论及教学过程的表述。

---

① 束定芳．外语教学改革：问题与对策 [M]. 上海：上海外语教育出版社，2004.

第一节　英语阅读教学困境的来源

我们首先介绍一些最近的英语阅读研究的进展和理论建设。英语阅读研究已取得显著进展，随着这些进步，英语阅读教学也取得了一定的进展。在母语环境下的阅读研究的进步和发展一直在促使阅读教学改进，特别是构建阅读策略、过程和语言基础知识的教学技术。而在英语环境下，相应的研究并没有取得如此大的进步。部分原因是在某些英语（并非所有）环境下存在诸多问题，如对大学英语的阅读研究来说缺乏经费，对英语阅读的研究和阅读教师的培养缺乏政策支持，研究者相对较少并且进行大规模、长期研究所需要的学生人数不稳定。即便如此，在英语教师和研究者的共同努力下，英语阅读研究还是有了很大的发展，已经有了一些重要的发现。一方面，这些发现支持了母语阅读研究；另一方面，这些发现也凸显了英语阅读学习中出现的具体问题。

研究结果和对英语阅读教学的启示之间的关系值得认真审视。虽然母语和英语阅读研究的结果是相似的，但是它们往往强调的方式和内涵也有所差异。母语读者和英语读者都认为，词汇学习和大量的认知词汇在阅读中是至关重要的，但是“大量”这个内涵可能就不尽相同。母语学生和英语学生开始阅读时的基础词汇量是不一样的。对于英语环境，10 000 个 认知词汇可能是“大量”。相反，对于母语环境，40 000 个认知词汇才被认为足够“大量”。

尽管有诸多“隐形差异”，许多研究仍然指出了母语和英语环境下阅读理解的众多相似点，过去 20 年的阅读研究结果为英语课程计划提供了有意义的启示。本章仅列举和英语阅读教学与学习相关的 12 个重要的研究发现。

（1）培养阅读流利性和单词识别自动化的必要性。

（2）阅读能力临界值的存在。

（3）母语的阅读技能、策略和背景知识对英语阅读的不同影响。

（4）单词识别能力对阅读的影响。

（5）话语结构的重要性和图示的教学意义。

（6）语言意识的必要性和对语言形式及种类的注意。

（7）元认知意识和策略性阅读的重要性。

（8）广泛的阅读对阅读能力培养的重要性。

（9）学生对阅读学习的兴趣、动机和态度的重要性。

（10）内容依托教学法的重要性以及阅读和写作结合训练的益处。

（11）社会背景因素对阅读的影响。

（12）文化因素对阅读的影响。

如果我们将上述所提到的研究结果运用于母语或英语环境下的阅读时，他们对教学的启示也存在细微的差异。这说明将这些研究成果用于具体的教学实践会面临很大的挑战。探讨这些挑战的方法之一就是注意这些研究所带来的教学实践的困境。需要说明的是，研究本身并没有带来困境。因此，挑战主要是在母语或英语环境的研究成果和理论用于具体的英语教学实践过程中。

我们把对英语阅读的教学困境分为两部分进行讨论：①英语阅读的影响因素，它们主要来源于不同的阅读概念和对阅读教学启示的高度概括。②对英语阅读教学有所启示的困境。讨论每个困境时，我们首先识别困境及其可能的起因，然后提出可行的解决步骤。在许多情况下，作为教师，我们应该从事行动研究——在自己的教室，与自己的学生——作为更好地理解这个问题的一种方法，提出适合自己英语阅读教学环境的解决方案。

第二节　英语阅读的影响因素

英语阅读教学与学习的环境远不如母语，英语阅读能力的发展也因此受到制约，如果按照理想化的本族语语言能力框架来设定二语习得目标，就等于用一个不存在的完美标杆来衡量现实中的每一个人，这是不合理的（戴曼纯，2002）。正因为这种环境和语言本身差异的存在，英语阅读教学通常会面临五大影响因素。

（1）在英语阅读教学中有多种语境，没有任何一组研究结果可以完全适用于所有的语境。

（2）社会环境以不同的方式影响着阅读发展，但考虑到社会环境的影响范围和影响学生的不同方式，使得试图对这种掺杂了社会环境因素的影响做出预测几乎是不可能的。

（3）英语阅读学习并不等同于学习和实践目的语的语言规则，也并不等同于在阅读语境之外去学习不同的策略并进行练习。

（4）一个有问题但普遍存在的观点是，对所有来自任何母语的学生，英语的阅读学习涉及和母语阅读同样的能力，这些能力是自然形成的，就像听和说的能力。

（5）英语阅读研究往往强调从“上下文”进行阅读理解的重要性，然而我们对术语“上下文”并没有一个明确的定义，或者说它的多重含义可能就是误解的来源。

上述每一个困境所强调的问题都来自研究和教学的关系及不同的阅读观点以及它们对阅读的启示。它们并非是一些具体的教学问题。

一、英语阅读教学的语境影响

一个明显的和有着深远影响的困境是英语阅读教学有着诸多不同的语境以至于没有一组研究成果能适用于所有语境。学生团体、能力水平、教学和制度背景、阅读量、母语阅读水平、学习环境等，诸多的因素决定了一系列英语研究成果都无法准确地建议英语教师、阅读教材编者、阅读课程制定者在所有的环境下采取一个完美的英语阅读教学行为。

问题的解决取决于教师自身。不要希望研究者告诉我们最合适的英语阅读教学方法以及教学的启示，而是应该在具体的教学环境中去理解研究成果。在某些情况下，特别是在那些理论和实践相结合的研究或者数据具有说服力的课程与教学案例研究中，我们可以发现直接的相关性，可以把这些成果应用到我们自己的英语阅读教学实践中。而在其他情况下，我们需要考虑研究者所提出的建议，了解英语阅读课堂的具体环境，通过具体的英语阅读行动研究来确定和探索其可能对学生的学习所造成的影响。

二、社会环境的影响

英语阅读学习的另外一个困境是不同的社会环境影响了学生的英语阅读能力。（除了教学环境）英语阅读中的“社会环境”的观点在过去 10 年一直被认为是很重要的，但并没有经过详细的研究。在英语教育环境下，人们还没有建立一个广泛的理论框架去理解这些影响和英语阅读能力发展之间的关系。英语阅读研究者认识到社会环境以不同的方式影响阅读发展，但考虑到社会环境的复杂性和影响学生的不同方式，使得试图对这种交织了社会环境因素的影响做出预测几乎是不可能的。就这一点而言，有两种思路是有用的：①在我们的教学环境中（如父母和社会的支持、教育机构的英语教育投入、父母的社会经济地位、父母的受教育水平）列出最可能影响英语学习的社会背景因素和影响阅读发展的条件（如学生对英语阅读的态度、学生所能接触到的英语图书的种类和数量、教育机构对目的语文化的促进、兄弟姐妹和伙伴对阅读的态度、去图书馆的次数）。对这些因素的归类有可能就揭示英语阅读课堂研究的具体关注点，主要是可以改变的因素（如学生的阅读态度）。②意识到影响英语阅读学习的不同社会环境也使英语教师受益匪浅。更具体地说，在课堂语境中，我们能够立即发现影响阅读的主要因素。例如，我们可以发现：学生可能有不同寻常的学习经历，学生家庭环境对学术任务的能力有影响，学生学习英语的局限性（读写能力有限）影响了英语学习动机和对英语阅读技能的培养。研究还表明，主动阅读和家庭阅读材料的数量，幼儿园期间的阅读量和随后的词汇与语言的发展，孩子们的阅读兴趣与阅读成绩呈正相关（Greaney，1996）。

三、英语阅读发展与语言规则学习的影响

英语阅读教学和学习的第三个困境来源于认知心理学对学习本质的研究发展。此类研究现在对应用语言学已经产生了巨大的影响，将来对英语阅读教学也会产生更大的影响。英语阅读学习并不等同于学习和实践目的语的语言规则，也并不等同于在英语阅读语境之外学习并练习不同的英语阅读策略。然而，基于规则的有关语言学习假设却一直在 ESL、EFL 中占主导地位。相反，学生学习某些复杂的技能（如阅读），必须通过广泛的接触与实践（Ellis，1996，1998）。只有在大量阅读实践的基础上，语言规则的学习才能提高英语阅读能力。

学习过程来自可以陈述的规则是一种对英语教学常见的理解。然而，阅读需要以下各方面持之以恒的练习：①模式匹配；②反复阅读时对文本的基本处理技巧；③注意和处理语言但不限于任何固定的序列；④广泛的反馈；⑤大量的阅读实践。学生需要培养能够自动识别大多数单词的能力以成为流利的读者。这个观点对话语结构意识的培养和阅读策略的学习也可能是正确的。英语阅读是一个复杂的技能，它是在一个不明确的学习领域里的专业发展，它不像有些问题可以直接解决，在复杂领域里的专业知识的研究需要被纳入英语阅读教学与学习的研究视角（Ericsson，1996）。

这种进退两难的局面表明反思英语阅读教学与学习的复杂性的必要性。不能轻易地视英语阅读为依靠规则才能学到的，而应意识到更开放的阅读学习过程的重要性。事实上，专业领域的知识研究和技能培训得到了加强，但也正因为如此，我们很容易忽视英语阅读学习需要相当多的实践、时间以及基本过程的反复练习。只有经过反复练习，专业领域的知识和技能才可以用来自动完成更复杂的认知任务。阅读的复杂性并不意味着规则、普遍原理和具体策略不应该被引入教学。但这样的教学应该只被视为英语阅读培养的一个起点。在一个基本的意义上来说，英语阅读是一种需要大量的练习才能掌握的技能。通常，它不涉及将要去学的明确的规则体系。当然，如何为学习者提供这种广泛的实践同时也会导致英语教学的其他困境的产生（其中有些在随后的教学困境部分讨论）。

四、英语社会性实践的影响

这个困境涉及一个普遍存在但有可能错误的观点。这种观点认为，在所有的情况下，英语阅读学习涉及和母语相同的能力，这些能力是自然培养的，就像我们的口语和听力能力一样。然而过去 20 年的研究表明，这些观点无一例外是错误的。直到最近，许多英语研究者仍然认为任何不同语言中的阅读几乎完全相似，它们都需要同样的处理过程。所以，他们认为所有母语的阅读技能都能够自动从母语迁移到英语。然而对

于英语阅读的初学者来说，母语阅读技能不会自动迁移到英语语境，不同语言的处理过程也不尽相同。

这些假设导致的结果是双重的：①很多人认为阅读作为一个通用过程是一种“自然”形成的语言技能，就如口语和听力。然而，我们知道这个观点是值得质疑的，因为全世界大约有 10 亿人不会阅读和写作，但他们听说自如。②很多英语阅读课程和教育实践的制定是建立在学生可以自然地学会英语阅读这个观点之上的，并且学生不需要教师的干预就可以成为读者。教师的角色发生了转变，教师不再被视为知识的传授者和指导者，而更多地被视为学生学习发展过程中的引导者。这可以充分发挥学生英语阅读学习时的主观能动性。可是，正因为阅读的这种倾向，如果学生能得到专业的阅读技能指导，他们的阅读能力将更为突出。

基于我们对阅读和写作的了解，认为阅读和写作与口语和听力一样是自然发展的观点是错误的，应该改变观念。对阅读和写作有所了解的人不会认为其发展过程和口语是一样的。阅读和写作的学习是一个有意识的、有意的过程。口头语言的发展在很大程度上是无意的，通常是从听说中获得，而阅读和写作并不以这种方式发展。

在英语阅读环境中，这种进退两难的局面已经对英语教学和学习实践有了深刻的影响。解决这种局面需要了解三个方面的问题：①英语阅读理论和研究的核心焦点。②对阅读的一些错误观点；③建立在对英语阅读能力和发展的错误观点上的教学实践。例如，在进行英语阅读学习时，我们让学生通过识别单词的第一个或前两个字母猜测单词词义。这种做法因为不鼓励学生处理单词完整的字符串，阻碍了词汇识别的自动性。再如，让学生通过上下文的线索猜测单词含义。然而，通过上下文猜测词义是一种糟糕的学习方式，它以一种不可靠的方式来完成对文本的充分理解。优秀的读者的猜测的数量远低于糟糕的读者，因为他们认识很多单词。而很多人认为猜词技巧是一种很重要的阅读技能，毫无疑问这完全是建立在功利主义基础之上的。

从实践的角度出发，我们同样必须理解三个问题：①如何教授对于阅读理解发展至关重要的技能？②为什么要教授一些特殊的阅读技能（如流利性、单词识别）和知识库（如策略意识）？③什么时间为学生提供直接的指令，引导学生努力或允许他们自己完成任务？我们可以学习如何引导学生参与有意义的与阅读相关的任务，支持学生利用培训机会、会议讲座、资源书籍去扩展课程学习。此外，我们可以从事一些与英语阅读相关的研究。例如，针对自己的课堂实践来确定英语阅读中哪些方面的问题在我们的课堂里已经被解决，又应该添加哪些课程使阅读教学更有效。我们还可以做一些简单而富含信息的，重点是具体教学实践方面的尝试或研究（如单词识别练习、图示的使用、策略训练、教师的阅读策略）或组织新的课程。以这种方式，我们能更好地评估英语教学与学习研究带来的启示以及确定在特定的环境下最有效的教学实践。

现在有大量的研究表明优秀的阅读者和能力较差的阅读者的主要差异是自由语境下的单词识别能力而非利用上下文进行预测的能力。事实上，阅读能力较差的阅读者更多地使用上下文来获取词义，因为他们的词汇量较少。总之，那些无法准确而快速识别文本单词的学生在理解文本时会遇到困难。那些牺牲语音信息而主要依靠视觉线索的孩子，随着年龄的增长，他们的阅读速度将逐步恶化。尽管证据显而易见，但几乎所有的语言教育家一直认为清晰和系统的语音教育对于阅读是没有必要的。

五、英语文本的语境影响

英语阅读的第五个困境涉及语境的使用在阅读教学和学习过程中的作用。英语研究经常讨论语境对阅读学习的重要性，然而我们对于术语“语境”可能意味着什么并没有一个明确的定义，或者说它的多重含义导致了误解的来源。关于语境的使用，人们至少可以从五个方面进行理解和讨论。

（1）它可以指在单词识别中更快速地激活单词，因为语义相关的词往往自动互相激活。

（2）它可以指随着英语文本的阅读和处理，消除已经存在于工作记忆中的错误信息的能力。

（3）它可以指读者对所阅读的英语文本的一种预期，即对英语文本内容的一种预测能力。

（4）它可以指对英语文本的走向以及如何组织的预测能力，即更为普通的文本预测能力。

（5）在英语环境下，更为普遍的是指根据上下文对文本中所出现的生词进行猜测。

前两个对“语境”的诠释的特点是它很好地记录了发生在英语阅读中的语境的自动影响。第三种和第四种诠释方法也强调了英语阅读中语境的影响，但是这时语境的影响更多地归因于目的语背景知识而不是文本的上下文内容。由于背景知识的影响，还有一种可能性是，学生可能理解错误的背景信息作为对理解上下文的支持。教师需要检查学生的期望以确定对上下文的影响是否有益。对语境的影响的最后一种诠释，虽然很普遍，但在文献研究中却并没有得到支持，因为好的读者一般不利用语境对即将出现的单词进行猜测。相反，这是无法进行流利阅读的读者的特征。此外，通过上下文猜测单词含义来学习新词汇的方法相对于大多数其他方法，已经被证明不是一个有效的词汇学习方法。然而，作为一种独立的阅读策略，在没有更好的资源，且当其目的是帮助读者持续阅读时，使用上下文猜测词义试图理解文本仍然是有用的。

人们经常错误地认为预测句子中即将到来的单词的意义是一个相对容易和高度准确的活动。实际上许多不同的实证研究表明自然文本不是可预测的。在不同主题的英语文本阅读中，读者在一个段落阅读中预测下一个单词意义的概率通常在 20%~ 35%。

事实上，这个数据对于虚词是偏高的，但对于在课文中携带信息内容的单词通常很低（斯提塔诺维奇，1999）。

对这种语境使用的困境需要我们理解语境使用在阅读理解中的作用，需要研究语境使用的各种作用来决定如何引入语境以支持教学。此外，我们应该强烈呼吁谨慎使用通过上下文猜测词义的相关练习。尤其在测试培训时，有大量教师为吸引学生，以此为重要的阅读测试技巧进行重点教学，这对学生的未来语言学习危害不浅。我们也可以通过研究找出好的方法帮助学生利用上下文预测信息，预测即将到来的话语组织，猜测独立阅读时扰乱理解的词义未知的关键词，但决不能作为阅读教学的重点策略来教授。依赖上下文线索猜测语义的一个问题是很多单词的发音不正确，这种方法是阅读能力薄弱的读者唯一的首选策略（普雷斯利，1998）。

第三节　英语阅读教学困境的解决思路

除了不同的阅读理论和阅读过程的概念所带来的各种影响外，还有一些困境更多地来自具体的目的语知识基础和目的语阅读教学的资源处理。我们对这些知识基础和资源以及它们如何支持我们的英语阅读的理解几乎都建立在母语的阅读研究成果之上。然而，我们知道，英语阅读为阅读学习创造了不一样的环境。这些差异为英语教学产生了许多必须意识到而且必须以某种方式解决的困境，常见的英语阅读教学困境如下。

（1）大量的词汇不仅是英语阅读的关键，对于英语技能、学术成绩和相关背景知识也同样重要。然而，我们并没有通过英语阅读教学去培养学生的词汇量，在英语教学中也没有得到高度重视。

（2）流利的英语阅读一般需要读者知道大多数所读英语文本中95%或者更多的词，但在许多英语环境中这一标准很难满足。

（3）英语文本的语篇知识对英语阅读非常重要，但很少有老师准备教导学生如何利用语篇知识去理解文本。此外，很少有阅读课程专注于分析文本结构和话语组织，并将此作为阅读教学的常规性要求。

（4）英语阅读课程与教材往往把英语阅读策略和策略教学作为一个独立实体进行讨论。然而，英语阅读教学的目的不是传授阅读策略而是培养策略型读者。

（5）英语阅读研究中较少涉及从学习阅读到阅读学习的迁移过程，然而在许多英语环境中都将出现这种迁移。

（6）在学术环境中，语言能力的融合对英语高级阅读至关重要。然而，易于管理的英语阅读课和独立的写作课往往被高估。

（7）动机对学习是非常重要的，但是动机、态度、兴趣及其对英语阅读能力的影响之间的关系，我们缺乏深刻的研究和理解。

（8）学生必须通过大量的英语文本阅读进行阅读学习，但大多数阅读课程的设置并不强调大量阅读，也没有提供适合学生课外阅读的英语文本。

一、构建大量的识别词汇

丰富的词汇量对阅读和所有的英语技能、学业成绩、相关的背景知识都很关键。我们并没有通过英语阅读教学去持续培养学生的词汇量，教师更多地只是提醒学生重视对词汇量的积累，但这点在英语课堂教学环境中没有得到高度重视。此外，我们并不确定流利的阅读需要多大的词汇量，这本身可能就是英语读者存在的一种困境。在母语（以英语为母语）的环境中，中学毕业生的词汇量大概是 40 000 个（词族），有些估计较少大概是 17 000 个（词族），也有些估计高达 100 000 个（词族）。通常情况下，流利的阅读应该识别文本中 95% 的词汇，这是理解文本较为合理的词汇识别比例。假设接受高等教育的母语读者可以识别 40 000 个单词，一个英语读者如果在大学学习英语，他们如何应对英语词汇的要求？又如何在英语环境下学到那么多单词？

对于这些问题，现有的研究中存在以下三种观点。

（1）母语学生高中毕业时的词汇量不到 40 000 个而是 17 000 个，而其他的词汇是由此延伸而来的（如使用最频繁的 3 000 个词族）。然而，这一观点后面的原因可能过于乐观。它假设词义可以很容易地被理解为词族。也就是说，如果理解单词的基本含义，然后也可以理解它所有的派生形式。然而，这个逻辑并非完全正确。因为，同一个词在不同的词性或语境下它的意思可能完全不一样。

（2）根据对英语学生为了最低限度地理解英语文本需要词汇量的调查研究，哈肯贝格和奥斯汀（Hazenburg & Hulstijn）认为 10 000 词族是最低要求。词汇不足 1 万的学生会有很大的风险达不到大学学习所需要的阅读理解水平。尽管对词族非常关注，但他们认为英语学生阅读高级文本时不需要具有和母语读者一样的词汇量。然而，如果他们对于词族的理解是每一个单词都可以延伸出 2~3 个单词的话，英语学生需要的词汇量也达到 20 000~30 000 个（词族），所以词汇量的大小还是英语阅读中一个严重的两难境地。

（3）没有数千小时的英语文本阅读练习，英语学生不会拥有很大的词汇量。然而很不幸，以学习者众多的英语学习为例，我们发现，在现在的非英语专业的大学英语教学中，教师无法在合理的时间内教会学生所需要的单词。相反，我们能够重点教会他们 2 000~3 000 个常用字作为单词自动识别的基础和强调一些特殊主题与研究主题所需要的词汇。这种观点认为，人们需要十分重视英语词汇教学，把它作为英语阅读发展的一个重要的组件，这也是被许多英语阅读研究者广为认可的观点。对于英语阅读教师，这种困境的解决难点在于如何持续而有效地教授词汇并使学生成为词汇的收集者。除了向学生提供一些词汇培训和文本资源外，我们可以做一些研究从而了解哪种词汇教学方法能使学生词汇学习更高效。

二、培养英语阅读的流利性

英语阅读的流利性和自动性也是教学中的难点之一。如上所述，在英语环境下阅读流利性可能要求读者知道所读英语文本中95%或更多的单词，但大多数学生的英语词汇量积累不能达到这一标准。英语阅读的自动性要求进行单词识别时不需要额外的、有意识的努力。因为流利性和自动性现在被视为英语阅读的基础，培养流利性应该成为阅读课程计划的一部分。

英语读者的阅读流利（可见的速度、准确性和技能执行的流畅）来自一个不那么容易观察到的、潜在的认知过程的流利。认知过程的流利一个很重要的方面是认知过程是自动运行的，它和可控制的方式相反。解决方法之一是在英语阅读课程中加入一系列的教学活动去促进流利性和自动性。最常见的方法是通过定时和节奏性的阅读活动，广泛的阅读（包括课内、课外）、各种类型的单词识别练习、分组配对朗读和一系列重读活动（常见于低层次的母语阅读教学中，但很少在英语阅读教学中讨论）。当然，促进阅读流利的方法也存在许多复杂的问题，所以通过研究去探索这些教学中所出现的具体问题对英语阅读教师是很有意义的。

三、提高文本结构与话语组织的意识

尽管文本结构和话语组织知识对于英语阅读是一个重要的、被广泛接受的事实，但很少有英语老师愿意教学生如何利用文本结构和话语组织建立理解。此外，很少有英语阅读课程专注于分析文本结构和话语组织，并作为阅读教学的常规性要求。然而，英语读者需要学会识别并使用文本结构信号和话语组织信息去更好地理解文本。文本结构信号包括连接句子和句子组成部分的文本信号的使用。这些信号包括代词、定冠词、单词的重复和单词的同义词，它们强调信息组织结构（如 first、second、third、however、on the other hand、in contrast）和过渡词、短语、句子。在广泛的意义上，话语组织指更大的文本单位，它们如何组织又如何能被识别。

优秀的读者能够识别文本中问题解决序列、因果序列，比较和对比以及分类系统。通常，优秀的英语读者能认识到叙事文本结构的明显信号以及支持或反对的辩论结构，也能够使用基本的动词和名词去确定线索的话语组织。信号信息和语篇组织都能够调节文本中的信息量和新信息的呈现方式。所有这些话语的文本特征都有助于理解文本，尤其是比较难以理解的文本。关注文本结构类型的干预措施表明帮助读者提高识别不同英语文本类型结构的教学在提高对文本内容的记忆和文本学习方面卓有成效。一些英语读者凭直觉通过不断地大量接触不同的文本结构来获取文本结构知识。然而，很多英语读者没有那么幸运。这就需要英语阅读老师教会这些没有如此幸运的学生去了解不同的英语文本结构类型以及阅读时如何寻找这些结构。

应对这种困境的方法是英语教师利用文本结构以帮助学生更好地理解文本。教师可以通过正式的培训，利用文本做定期的练习和行动研究项目，通过试验新的教学方法促进英语阅读教学与学习。例如：①鼓励学生通过研究文本的主要特点去寻找信号线索。②让教师与学生共同分析文本的信息是如何呈现的。③鼓励教师使用图形表示强调文本信息的结构，增强学生对文本修辞结构的认识。

四、培养策略型读者

英语阅读教学的第四个困境在于英语阅读中策略的重要作用。虽然英语阅读的策略和策略教学在阅读教科书中通常作为独立的个体进行讨论与介绍，并且相对容易理解。然而，阅读教学的目的不仅是教会学生阅读策略而且是培养策略型的读者，这个过程需要付出大量的时间和努力，比教会学生阅读策略要困难得多。许多研究发现：很多学生可以学会阅读策略并且在阅读中有效地应用策略，但随着时间的推移，他们未能保持在阅读和写作中的策略使用或在教学环境之外无法进行概括与使用策略。导致这种阅读策略的迁移障碍有很多因素，包括他们不理解阅读策略对不同的阅读环境都是适用的，也不理解如何随着文本类型的变化去调整策略的使用；他们认为阅读策略不像其他因素一样那么有用；甚至有学生认为掌握阅读策略需要付出太多的努力并且在新文本的阅读中不一定有机会去使用策略。

由于上述各种原因，帮助学生形成有效的、满足不同需求的阅读策略已经被证明是极具挑战性的：①一个策略型读者需要一系列阅读策略储备，这些阅读策略融合在一起共同起作用去执行阅读任务和解决阅读任务中所出现的问题。这种融合随着不同任务、不同文本、不同主题和不同目标的出现而发生变化。②成为一个策略型读者需要大量的实践时间，然而大多数阅读课程和阅读教学材料都没有认识到这一需要。策略性阅读培养计划需要被长期关注，尽力去培养学生的策略性阅读。③对部分能流利进行阅读的读者，有效使用策略一般并不涉及有意识的决定。策略型读者能够有意识地说出所使用的策略，但是在他们使用策略时往往是无意识的，是一个自动的应用过程。实际上，在普通的策略无效时，他们也会有意识地注意文本中的策略使用。

例如，读者往往认为对文本的总结是一个策略，它有利于研究学术文献。但夜晚读者阅读小说时，这个策略的应用往往是无意识的。我们也许会本能地问自己。“我现从哪里开始读？”“后面会发生什么故事？”但是，我们不会坐下来有意识地思考这些问题，我们只是打开书开始阅读。有时我们通过回读一段或者两段内容以恢复我们的记忆，但我们不会有意识地想：“今晚，我要重读昨晚最后一页让自己走回到小说的情景中。”相反，在打开书的这个过程中情景可能已被激活，以便我们继续阅读。如果开始阅读时，故事情节没有从记忆中激活，我们会无意识地返回到上一个页面，这是一个有效的默认策略。然而，从本质上来说，这些娱乐性阅读的启动过程是进行总结的另一种方式。当任务是常见的且文本理解不太困难时，许多策略已经成为常规反应。优秀的读者常使用如下阅读策略。

（1）具体的阅读目的。

（2）计划做什么 / 将采取什么行动。

（3）预习文本。

（4）预测文本或部分的文本内容。

（5）检测预测。

（6）对文本提问。

（7）寻找问题答案。

（8）链接文本背景知识。

（9）总结信息。

（10）进行推论。

（11）链接文本的各个部分。

（12）注意文本的结构。

（13）复读。

（14）从上下文中猜测生词的意义。

（15）使用话语标记看联系。

（16）检测理解。

（17）识别困难。

（18）采取措施修复错误的理解。

（19）作者。

（20）批评文本。

（21）判断如何实现目标。

（22）反思文本所学。

英语教师必须意识到语言的学习是有其自身的规律的，学生不可能迅速理解策略，必须通过广泛的实践，即所谓“学而时习之”。其中包括努力调整策略以适应广泛的学术文本，才能在广泛的任务和材料中灵活使用策略。

英语教师和学习者在进行英语阅读训练时应该意识到提升策略性阅读能力是需要长时间大量阅读和练习的，这是没有捷径的。首先，读者需要在有意识解决问题的基础上制定一个在特定环境下起作用的策略反应。通常在阅读教师或其他人的帮助下，学习者学习这些策略。在进行英语文本学习时，遇到几个类似的问题并通过策略的使用解决后，策略的有效响应即成为常规。随着时间的推移和阅读练习，读者建立一个对相似问题的有效策略反应。即便是优秀的读者，当他们遇到一个新类型的问题（如第一次阅读计算机手册）时，将减缓阅读速度以提取、培养新的策略。

英语阅读老师可以采取三种有效的方法来解决这种两难的局面。

（1）在一些特定的前提下，协助学生进行母语阅读策略的迁移。例如：①学生英语掌握得足够熟练。②可以对相关阅读策略进行讨论和反省。③在母语环境下曾有过类似的阅读任务。应该注意，如英语阅读任务在母语阅读环境中从未见过，很少会出现有用的母语策略迁移。

（2）英语教师可以在英语阅读课中讨论策略的使用和整合策略。策略教学的目的是理解文本，根据文本信息促进理解和使用策略来提高阅读理解能力。这种方法涉及多方面内容。例如，①阅读策略的使用。②构建策略模型让学生进一步认识到不同策略。③鼓励学生使用策略。④指导学生反思策略使用。⑤通过使用策略去讨论较难文本的意义。⑥给学生提供机会进行大量的阅读和参与需要不同阅读策略的任务。

（3）英语阅读教师可以做一些相关研究去提高阅读教学效果。这些研究涉及在英语阅读中如何学习使用策略，理解阅读中的元认知意识和探索一系列有意义的教学实践。

我们知道，为了培养积极的策略型读者，必须在教学上投入大量的时间。这种教学不只是强化，它应该持续很长的时间。以大学英语为例，在大学英语教学改革不断深入，学分和基本课时大量削减的大环境下，如何在有限的课堂时间内真正提高学生英语学术文本的阅读水平？为数不多的阅读测试成绩的提高并不能完全说明学生的英语阅读能力的提高。这不仅是英语教师关心的问题，也应是研究者和英语教育政策的制定部门应该反思的一个问题。

五、促进阅读学习

英语阅读研究很少涉及从学习阅读到阅读学习的迁移。然而，我们希望在英语环境中利用迁移。实际上，过渡到阅读学习是指在掌握了阅读技能的基础上，通过阅读获取有意义信息的策略，也就是在学术环境中应对英语文本和完成任务的策略。在学术环境中，英语学生阅读的英语文本含有大量需要了解和应用的信息。应经常要求英语学生阅读一些相对较长，而且可能较难的英语学术文本，文本太短无法展现学术环境下的高级阅读水平或者学生无法证明他们按学术环境中的阅读要求学习文本信息。而在其他语境下，经常要求英语学生阅读一些比他们将来在学术课程中所遇文本简单的文本。在这两种情况中，学习阅读到阅读学习的迁移在英语阅读课堂中就可能得到解决。

人们对于这种困境有三种解决方法。

（1）在学生能够从事一些体现学术要求的英语阅读学习任务前，不要过分要求他们进行大量的英语环境下的学术工作。这并非说明专业学术素养活动应该被推迟，而是解决学生的专业学术阅读学习需求必须作为一个更大的、循序渐进的英语阅读课程的一部分。这个建议常常在英语课程计划中被忽略，然而它作为全校课程规划的一部分可能效果最好。

（2）可以使用较长和较为困难的信息文本并且教会学生用策略和技巧来应对与文本相关的学习要求和学术性学习任务。这些任务可以并入阅读课程并且定期练习。英语阅读教师应该教会学生：①如何用预先计划的策略去分析文本的预期期望。②如何用一致的方法去组织和链接文本信息。③如何使用文本中的信息资源去完成有意义的任务。

（3）可以做一些英语阅读教学的实践研究。例如，探讨在以后的英语阅读课程中将要使用的文本类型；课堂所读文本和用于评估的文本是否匹配；高级学术阅读课程中的文本类型；现在处于高级阅读课程中的学生的阅读经验或策略储备或探讨帮助学生进行有效阅读学习的课程的有效性。具体的方法如下：① 练习并总结有效的策略；② 使用图形表示文本信息的组织结构。③ 识别关键词汇和学习这些单词。④ 组合来自多个来源的信息。⑤ 识别文本证据类型。⑥ 认识文本中有标识的信息的重要等级。

六、整合语言技能培养阅读能力

如何整合语言技能培养阅读能力的问题在课堂内外都存在，也是英语教师一直希望能够解决的问题。大多数英语教学都涉及使用具体或独立的课程（阅读、写作、口语、听力、语法、语音），也会使用语言能力融合最小的普通教材。但语言能力的融合对于英语学术性阅读至关重要。在许多学术环境下，英语阅读技能需要和其他语言技能融合作为阅读学习、阅读融合、阅读评估的一部分。在较高层次的英语阅读教学中，融合其他语言阅读技能已经得到广泛的关注。

尤其值得注意的是，有足够的证据表明英语阅读和写作的融合对学习十分有益，但阅读和写作在很多高级别的英语教学中仍然是两门单独的课程。阅读和写作在教学中的融合是卓有成效的，是一种潜在的互补。载美尔（Zamel，1992）认为在融合教学法中，阅读和写作是互惠互利的，并且支持用写作的方法融入阅读。这可以帮助学生更好地理解读者和作者如何构建文本。

语言技能，尤其是阅读和写作技能的融合形成了学术语境中的自然联系。阅读通常结合写作，如总结信息、做笔记、写读后感、写评论及较长的研究报告。当学生听到和已经阅读或将要阅读的内容相关的信息时，阅读和听力能够融合。在许多需要书面输出或口头报告的活动和项目中，阅读和听力也能够融合。这样的现象在学术环境中十分普遍，并且和阅读学习、阅读融合、阅读评论紧密结合。高级阅读教学需要给学生提供大量相关实践机会。融合型教学连接了阅读、写作和其他方面丰富的知识领域。在融合型教学中，学生的参与度不断提高，方便了文本中的概念学习，促进了学习成效的提升并且支持了相关内容领域内的学习。

解决语言技能的融合通常有以下两种方法。

（1）我们可以创建一个基于内容的教学模式，它是体现综合语言技能的教学，重点是培养学术阅读能力。这样的教学大纲和课程必须以一个连贯的主题为中心，围绕文本和教学资源组织阅读与写作教学。在学生从事技能融合和培养高级阅读技能时，应该探讨主题和更具体的论点。

（2）技能融合的英语教学实践应该包括在课堂的融合技能任务中进行相关的阅读行动研究。具体地说，重点应该放在学生最合适的融合技能任务上（考虑文本和任务的难度、学生的需要、学生的动机、教师资源等），当然还有对学生学习的指导。没有什么比完成挑战性任务所取得的成功更能激发学生的动力。当然，这也需要英语教师和学生长时间共同的教学与实践。

七、激发学习动机

对于动机、态度、兴趣和归因（基于过去的经验对成功或失败的预期）和它们对英语阅读能力影响之间的关系，我们一直没有进行深刻的了解。很少有研究涉及角色的情感因素对英语阅读能力的发展。实际上，由于各种原因，激发学生从事英语阅读（甚至母语阅读）的兴趣都存在一定的困难。让学生培养英语阅读的困难主要在于他们的英语阅读目的和态度。然而，现实的情况是英语阅读资源日趋丰富，而现在的学生的英语阅读量日趋减少。无论是母语还是英语，他们都不喜欢阅读，以至于国内有专家提出将“阅读”立法，问题的严重性由此可略见一斑。

在英语课程中，阅读没有得到相应的重视也导致了学生阅读动机的缺失。英语教师和学生都认为有更重要的事去做，以致部分英语老师和部分学生常常失去对英语阅读的兴趣。而且英语课程开发人员和管理者对如何“快速”培养流利阅读能力（无须大量的阅读实践）抱有不切实际的期望。

动机、兴趣、自尊是任何阅读能力发展的重要因素。英语教师应该能够和英语学生一起确定是什么激发了他们的英语阅读热情以及如何培养良好的阅读态度。要达到这个目标，可以通过调查学生的兴趣，评估他们过去的阅读经历（母语和英语），了解他们对英语阅读重要性的认识，观察是什么激发了英语老师和部分优秀英语读者的兴趣与动机。一些简单而有实效的研究就能够为解决这些问题提供良好的方法。这些研究的结论可能适用范围有限，但能够有效地解决在特定的教学环境下具体而又特殊的问题。如果内在动机高、学习目标明确、自我效能感较强，那么他就是相对活跃的读者并能够取得较高成就。为什么？因为动机过程是阅读中协调认知目标和策略的基础。成为优秀的、积极的读者涉及阅读中动机过程和认知过程及语言处理过程的协调。

八、激励广泛阅读

正如我们前面提到过：在大多情况下，学生必须通过大量的阅读训练来提升阅读技能。然而，大量的阅读训练却并非大多数英语阅读课程的重点。英语教师通常会要求学生在家或学校图书馆里进行英语阅读而不是在课堂上。相当一部分英语教师（或英语课程管理者）通常认为如果学生在课堂上安静地阅读，老师就没有尽到自己的教学责任。问题是课外阅读的有效性很难监测，阅读文本的差异、阅读时间的长短等都无法控制。基于广泛的阅读研究，培养流利的英语阅读最主要的方法是阅读扩展练习。没有扩展练习就不可能培养流利的阅读技能，虽然扩展练习本身对培养流利的阅读技能是不够的。

我们鼓励在课堂外进行阅读，要达到这一目的需要有大量教师认为有用，同时学生感到有趣的文本，而这二者往往存在矛盾。所以在课堂环境中，学生应该有自由阅读的时间与持续默读的机会，也要有在图书馆里阅读和扩展文本阅读的时间。

在课堂上开展广泛的阅读，我们需要有良好的文本资源、足够的时间、学校和课程的支持。关于这个问题的研究通常强调以下五点。

（1）使用不同的方法把默读纳入英语阅读课堂教学中。

（2）开发有效的方法来实现扩展阅读实践。

（3）寻找学生在课堂上和课外阅读时所需要的文本材料。

（4）随着阅读时间的推移，评估扩展阅读活动的结果。

（5）建立机制让学生推荐有趣的阅读材料，教师进行核准。

总之，大量的英语阅读研究所提供的一个基本事实性结论是：增加英语读者的阅读时间、刺激性体验与阅读优秀的文本能够加速提高阅读能力。这个结论似乎是一种通用的语言发展规律，不仅对于以英语为母语的孩子学习英语阅读，而且对各种语言群体的孩子学习母语或英语，它都是适用的。

第三章　阅读与词汇

词汇知识是阅读理解的关键因素。如果学生词汇量够大，对词汇的意思把握到位，那么他们在阅读过程中能够更快、更准确地读懂文章的意思，相反，如果学生在阅读过程中发现所读文章里有大量生词，那么阅读理解将会遇到很大困难，因此，词汇一直被认为是阅读的主要障碍，没有足够的词汇量似乎就难以流畅阅读。格拉贝（Grabe，1991）认为，词汇量的大小决定了一个人总体的阅读能力。而内申斯（Nation，1990）认为，词汇是语言学习中的重要内容，也是发展阅读能力的重要方面。当然，词汇量是否真的能够决定阅读理解水平，这个问题并没有一个定论。有学者认为，很多时候，词汇教学只关注单个词的意思，这并不能提升阅读理解水平，因为有时读者对所读话题的了解和熟悉程度比知道几个单词的意思对阅读理解更为重要。此外，教授一篇阅读文章中的生词意思可能对理解那篇文章有一定的帮助，但从整体阅读理解水平来讲未必有效，因为单词在不同的文章中可以有不同的意思，学生能否全面提升自己的阅读理解水平不仅在于词汇量的扩大，还在于阅读技能和阅读策略的提升。本章将探讨词汇教学的理念以及如何在阅读教学中有效开展词汇教学。

第一节　词汇的认识

一、词汇的内涵

既然词汇被认为是阅读理解最重要的影响因素，读者的词汇量决定了他们是否有足够的能力来读懂文章，从而成功地理解意义。那么，我们首先需要了解，词汇的内涵包含哪些内容？什么叫学会了一个单词？最简单的说法是，学会一个单词包括了解下面四个方面的内容：①知道它的发音。②知道它的拼写和词性。③知道它的意思。④知道什么时候用，怎么用它来表达想要表达的意思。也就是说，我们要掌握词的音、形、义及用法。不过，事实上词汇的学习要比这四个方面复杂得多，词汇的概念很广，绝不仅仅指一个单词。综合起来说，所谓“掌握”一个单词，学生不仅要知道它的音、形和义，还应该了解下面这些知识。

（1）该词的语法和句法特征。

（2）该词与其他单词之间的联系。

（3）词形变化及派生形式。

（4）该词的不同功能及在不同语境中的意义。

（5）词语的搭配。

（6）联想关系和语用特征。

（7）它有一个词义还是多个词义。

赫奇（Hedge，2000）则表示，学习一个单词至少涉及两个方面，一是单词的本义和内涵，二是词语间的关系。

（1）单词的本义

单词的本义就是一个单词的基本意思，是学习者首先需要了解和学习的。但是，由于语言之间的差异，我们不难发现，有些英语单词在中文中的对应词并不唯一，如grandma、grandpa，没有上下文，我们就不知道前者指的是姥姥还是奶奶，后者指的是姥爷还是爷爷。遇到这类词汇，学习者需要格外注意，弄清单词的意思，并能够在实际生活中正确使用。

（2）单词的内涵

单词的内涵指隐含在字面意义之外的意思，这种意思往往是由文化、政治、社会、历史等原因赋予的，让听者产生正面或负面的联想。比如，dog 这个词，中文解释就是“狗”，但这个单词在西方和中国文化中的内涵是不一样的。在西方，dog 是友谊和忠诚的代表；而在中国，狗也可以指忠诚，但更多的是贬义词，如走狗、狗腿子、狗眼看人低、狗仗人势等。另一个词是 dragon，中文解释是“龙”，在中西文化中也有不同的内涵意义。在西方，dragon 代表的是邪恶，有负面的意义；而在中国，龙则代表皇权，有正面的意义，如龙的传人、龙凤呈祥、乘龙快婿等。

此外，有时，我们用不同的单词却能表达同样的内涵意义。比如下面这些短语：a drowned rat 的意思是“落汤鸡”，to teach a f ish how to swim 的意思是“班门弄斧”，to set a fox to keep one’s geese 的意思是“引狼入室”。这些例子表明，仅仅知道单词或短语的字面意思是远远不够的，教师要引导学生关注单词的内涵，才能对不同文化背景下的语言做到比较准确的理解。

（3）词语间的关系

词语间的关系主要指词语的搭配、同义词、反义词、上义词、下义词等。理查兹（Richards）和卡特（Carter）也提到了词语的搭配，这种搭配是人们约定俗成的，比如（王蔷，2006)see、watch、look 三个词在中文中的意思都是“看”，但它们搭配使用的词却不一样，分别是 see a movie、watch a play、look at a picture。同样，我们能说 heavy traff ic、heavy smoker、heavy rain/snow/fog，但不能说 heavy accident（应该是 serious accident）、heavy wind（应该是 strong wind）。此外，还有动词和介词、副词的固定搭配等。学生在学习单词时，对于这种有固定搭配用法的应该一并了解，否则，只背单词的意思容易在遣词造句时出现错误。同义词 / 反义词是词汇的一种相对关系，在词汇学习中可以放在一起学习，有利于学生丰富自己的表达。上义词 / 下义词的关系是指一些能够归为一类的单词，比如 cutlery（上义词）：knife、fork、spoon（下义词）等。如果能够把这两类词一起学习，有利于学生按主题或类别来学习相应单词。

以上关于词汇学习内容的探讨表明，词汇学习不是单一的对概念意义的理解，而是一个复杂的、积极的、多层次的认知过程。语言教师应避免单个单词的教学，而要采用多种方法教导不同词汇，从而更好地帮助学生学习语言。

二、词汇的加工

阅读的一个最重要的能力是词汇识别的自动化，只有当读者能够迅速识别阅读文章中的词汇时，才能很快对词汇进行加工，从而理解单词的含义及其所在句子的含义，最终获得整篇文章的意思。研究表明，读者为了学习而认真阅读文章时，大约每分钟 200 词，在放松状态下阅读时每分钟 250~300 个单词。阅读能力强的读者可以在一秒钟内对 4~5 个单词进行加工，这样，大脑可以迅速理解所读内容。在母语阅读研究中，我们可以看到大量关于词汇识别能力的研究，即让读者能够拥有大量见到就能读出并说出意思的词汇。这种能力的培养是通过大量阅读训练才能逐渐形成的。这些研究成果对于英语阅读来说，也是非常有启发性的。教师应当注意给学生提供大量的阅读训练，帮助学生积累这样的词汇，从而提升阅读理解速度和能力。此外，在词汇教学中，我们要学会区分消极词汇和积极词汇：前者指我们在阅读或听力中可以识别并理解，但在口语或写作中不能自然使用的词汇；后者则指我们不仅在听到或读到时知道意思，而且在口头或笔头表达时能够使用的词汇。内申斯（Nation，2001）对于这两类词汇给出了比较详细的解释。他认为，学生对于消极词汇的了解包括以下几个方面：①听到和读到的时候能辨认出来。②知道它由几部分构成。③知道它的含义及在上下文中的意思。④知道这个词的深层含义。⑤知道与该词相关联的词汇。⑥能够判断这个词在它出现的上下文中是否使用正确。⑦能够辨认出该词的常用搭配。⑧知道该词并非生僻词汇。学生对于积极词汇的了解除上述内容以外还包括：①能够正确朗读。②能够正确拼写。③能够根据情境，用正确形式进行表达。④能够说出同义词和反义词。⑤能够正确使用搭配。⑥能够判断在某个情境中使用是否恰当。对于初学者而言，许多新的词汇都是常用词，很快就会成为他们大脑中的积极词汇，但是随着语言水平的提升以及学习难度的增加，学生会发现有些词在表达的时候很自然就能用上（积极词汇），但有些词只有在听或读时遇到才能想起来（消极词汇）。当然，有些词会在多次接触之后从消极词汇变为积极词汇，而有些词可能永远都是消极词汇。这就要求教师在阅读教学中能够区分出这两类词汇，对于那些学生应该掌握的积极词汇，教师要设计不同活动，让学生在口笔头表达时用到这些词汇，帮助学生尽快把这些词汇从消极词汇转变为积极词汇。

第二节　词汇教学理念

研究表明，词汇教学既要让学生了解词汇的词性，也要让学生了解词汇在情境中的意思及用法，这样才是有效的教学。受这些研究的影响，近年来，基于语境的教学理念越来越受到重视，越来越多的学者认为，词汇学习一定要放在语境中开展（桂诗春，2006；余祥越，2003；张彩霞，2008），“如果把作为一个单词的形式及其功能特征的综合体置于一个完整的词汇环境中来学，学起来就比较容易”，这样可以让学生对所学词汇产生“认知深度”。陆巧玲（2001）认为，应尽量在语境中呈现词汇和教授词汇，教会学生在语境中学习词汇，要辅以形式多样的练习帮助学生反复操练以掌握在语境中学习词汇的方法。也就是说，词汇意义和用法的教学都应当考虑语境的设置。总体来说，基于语境的词汇教学可以通过以下三个方面来实现。

（1）在语境中处理词汇，同时运用词汇学习策略（猜词、看词性、使用词典、关注重要词汇等），帮助学生理解词汇的含义。

（2）在语境中学习词汇，提供机会帮助学生建构自己的词汇，同时通过短语、搭配、复合词、词形变化等帮助学生梳理所学词汇从而形成系统。

（3）在语境中应用词汇，提供多种机会帮助学生在语境中运用所学词汇进行表达。

此外，近年来，由刘易斯（Lewis，1993）提出的词汇法（Lexical Approach）越来越得到重视，成为十分重要的教学理念。刘易斯（Lewis）认为，应当将词汇短语以一种整体或词块（lexical chunks）的形式去理解、记忆和产出。其中新理念是学生不需要对词块进行分解和分析，而是作为一个整体去理解和记忆，这对学习者语言能力的提高有着非常重要的作用。词汇法对“词”的概念进行重新定义，认为词块是组成句子的基本单位。因此，语言教学中要特别注意词块的学习和应用。

语境和词块是词汇教学中非常重要的两个概念，也是指导词汇教学的重要理念。此外，词汇的深层次加工也是有效词汇教学的重要途径。所谓深层次加工即学生对词汇的意思及其与其他词汇之间的关系进行深入思考。斯塔尔和费尔班克斯（Stahl & Fair banks，1986，引自 Harris & Sipay，1990：523）给我们提出了词汇知识的三个层次，对这三个层次的掌握能够推动学生对词汇进行深层次加工。

（1）联想：学生能够将词汇和它的意义建立联系，能够给出定义或近义词。

（2）理解：学生能够清楚地理解词义并能够完成如选词填空、完成句子的练习，或能够给出反义词。

（3）应用：学生对词义和用法完全掌握，能够随心所欲地应用，如造句、篇章等。

词汇的深层次加工是通过学生使用词汇来实现的，因此，教师在阅读教学过程中不能仅仅给学生解释词义，还应设计多种活动让学生在语境中体会并理解词义，也在语境中运用和加工词汇，这样做可以提升词汇教学的有效性。

第三节 阅读与词汇教学

阅读是词汇教学的重要依托，在阅读中进行词汇教学有两个层面：一是利用上下文推断出生词的含义，从而更好地理解词汇的意义和功能以及用法。二是利用阅读内容将相关词汇串起来进行教学，使学生形成以主题意义为核心的词汇链，并能够利用这些词汇谈论和主题相关的内容（陈则航，王蔷，2010）。第一个层面要求读者具备推断词义的能力，教师在阅读教学中，可以教给学生如何利用下面这些文章中的线索帮助他们理解或推断词义。

（1）近义词：学生可以在以下这些地方发现近义词：生词后面的括号中；同位语中；所在句子中。这些近义词可以帮助学生快速理解词义。

（2）反义词：学生可以通过寻找“but”这样的词来找到生词的反义词，从而推断出生词的词义。

（3）定义：文章的作者可能会通过这些手段来给出生词的定义：生词后面的括号中；同位语；在句内或紧随其后的句子中给出解释；利用“such as”这类短语来给出例子；利用“that is”等换句话来解释一下；还可能在脚注中找到定义。

（4）自身经验：学生在阅读文章的时候要充分运用自己对所读文章话题已有的知识和经验，这些可以有效地帮助他们推断生词的词义。

（5）总结：有时候学生在阅读过程中遇到的生词可能是对前面内容的一种总结，这时，学生需要反复阅读前面的内容，从而推断出用于总结的词汇是什么意思。

（6）反思：学生可以反思一下生词所在的句子或段落所要表达的是什么样的情感，根据这个线索，可能就能推断出生词的词义了。

第二个层面“以主题意义为核心的词汇教学”是笔者和王蔷教授在多年职前与在职教师培训中摸索提炼出的词汇教学理念。其核心是基于阅读文本主题将词汇教学立体化的思想，主要目的是将词汇置于阅读的语境中去呈现和学习，帮助学生培养搭配、语块意识以及应用能力等。以下是这一理念的基本教学设计原则。

第一，将词汇分类，确定处理的时间和方式。

每个阅读文本都会有一定的生词需要学习，大学阶段的英语教材，无论是英语专业还是非英语专业，单元词汇量都比较大，教师在备课时需要对词汇进行分类，针对每类词汇的特点设计不同的处理方式，并为它们选择最佳处理时间。分类可以有不同的方法。比如，教师可以先总结出与课文主题相关的名词、动词搭配等，然后再看哪些名词是需要利用图片、实物等来辅助理解意思的，哪些是抽象名词需要解释或直接译成中文的，哪些动词搭配是直接能推断出意思的，哪些是需要提供丰富的情境来呈现意思的，哪些搭配只需要理解，哪些需要通过设计活动来学习和应用等。另外，还可以按读前和读中两个不同阶段将词汇分类，有的词汇无法通过上下文猜出词义，它们必须在读前呈现和学习，否则将会影响学生对文章的理解。放在读中处理的词汇一定是可以通过上下文线索推断出词义的，教师可以请学生分享自己猜词的依据和推理过程。

教师在这一环节需要以“主题意义”作为词汇分类和处理的主要依据。与主题意义紧密相关的词汇，一般而言应该是需要着重处理的，也是需要创设与主题相关的语境来让读者体会、理解、应用的。

第二，在语境和意义中词汇滚动式发展，在复现中深化。

首先，教师要注意在语境中呈现、体验、理解、提升、整合和应用词汇。无论哪个环节都尽可能利用语境引导学生对词汇进行深切的理解和体会，需要注意的是语境的创设要紧紧围绕主题意义展开。比如，如果一篇课文是关于交通问题的，那么在读前教师可以通过与学生讨论关于堵车的问题来引入生词，此时，所有要呈现的生词都是在谈论遇到堵车问题时的感受中自然出现的，学生有能力根据上下文情境以及图片来猜测单词和短语的意义。除了呈现的环节以外，在后面的阅读教学中，教师也要将新词汇的理解与提升始终放在语境中进行。

其次，教师应当全盘考虑，设定了教学目标之后，要围绕目标，在教学的各个环节为最后学生能做的事情打好伏笔，使学生的词汇能够得到滚动式发展。比如，教师要教授一篇关于交通问题的阅读文章，根据经验，这类阅读文章要求学生掌握的可能是描述汽车增长率、汽车尾气排放率、交通和环境问题等方面的词汇，而阅读完课文后，最终的目标是让学生能够用这些词汇来描述某地的交通状况以及由此造成的环境污染和带来的问题等情况。我们在做词汇教学设计时就可以考虑如何能让词汇在一节课中能像滚雪球一样滚动式发展。教师可以紧扣与主题意义相关的语境创设，在导入、课文学习和内化等环节都加入一些与某地相关的话题，使学生在首次接触到新词汇时就能将它与要谈论的话题建立联系，遇到新的生词就建立更多联系，不断扩充自己用于谈论交通环境问题方面的词汇。这样，学生能够顺利地从语篇中理解词汇意义，并将其转化成主题意义词汇系列，在不同但相似的语境中自由运用。

最后，要提高词汇在本堂课内的复现率。以往的教学中，教师会讲解词汇的意思，给出词汇练习，但词汇练习的句子可能并没有考虑到主题的因素，而是把重点放在检查学生是否知道词义，是否可以选词填空或遣词造句。一般来说，一个词汇在一节课中出现的次数也就是一两次，这样的低频率显然不符合学习规律。掌握一个单词不仅意味着在短时间内记住了它，还应该能让它深深地印在脑海里，在需要的时候随时提取并正确应用。但是，如果只与单词接触一次，学生基本上不可能掌握哪怕是前面提到的词汇知识中的一个方面。不少研究表明，学生需要与单词接触 5~16 次才能真正掌握它。黄远振（2003）指出，有意识地复现所学词汇是词汇教学的重要环节，但是光“见”不练是低效的，教师应根据教学内容、学习者特点及自身经验，对词汇进行不同处理，组织不同的练习，引领学生对词汇深加工，从而使词汇能够尽快真正纳入学生自身的语言体系。因此，“以主题意义为核心的词汇教学”提倡在一节课中提升词汇的复现率。具体做法是，教师备课时就要对整节课通盘考虑，从上课一开始到结束，共几个活动，教师需要说哪些话等都要仔细设计，这样，教师就可以巧妙地将本节课所学的生词嵌入自己的课堂话语或活动中去；通过教师自述、与学生对话、对课文评讲、学生之间对话等多种方式让学生不断接触本课新学的词汇，只要有机会教师就要用这些词汇，这样就和原来的词汇教学大不一样，学生当堂就可以最大限度地感受、体验、理解并应用词汇。

第三，以主题意义为核心，建立词汇关系网。

前面我们介绍了“掌握”一个词汇需要关注词汇的各个方面，包括词汇的搭配及其与其他词汇的关系网，这个工作是需要教师在课堂上进行引导的。还是用前面我们提到的关于交通的阅读文章来说，教师可以鼓励学生将本课所学的生词形成一个以交通为核心意义的词汇网。在此基础上，教师还要鼓励学生将所学过的、与交通密切相关的动词或动词词组与这些名词相搭配，组成意义及搭配关系网。这个活动之后，教师还可以设计活动，让学生使用这些短语，使这些语言深深地刻在学生的脑海中。

总之，以主题意义为核心开展词汇教学提倡的是找到每节课的主题，词汇教学围绕这一主题展开，为学生创设与之关联的语境。教师不仅要帮助学生理解词义，更要引导学生关注词汇的搭配及与其他词汇的关系，使学生对所学词汇能够形成立体的关系网，促进语言能力的立体化发展。词汇学习源自语篇，又依托语篇，更要回归语篇，使学生一节课下来能对词汇有个立体的认识、深入的了解、生动的体会和灵活的应用。当然，词汇学习光靠一节课是远远不够的，教师还需要考虑课与课之间的关联，词汇跨课的循环复现，以及跨主题的关系网的建立及综合应用活动的设计等。总而言之，词汇教学应该是立体、多元、多维的，学生应该有机会从各个角度去理解和体验词汇，并能全面学习且应用语言，提高对语言的把握和综合应用能力。

第四章　高校英语阅读教学

第一节　阅读教学的历史与现状

一、我国英语阅读教学的历史

新中国半个多世纪以来的英语教学，基本上是以读为主，以听、说、写为辅的英语教学模式，其主要原因在于：在那段历史时期，社会对英语教学的主要要求是阅读，而阅读又是那段历史时期的英语教学环境下最便捷、最现实、最有效的英语教学语言方式。

当今时代与那段历史时期相比较，已经发生了一些新变化。如我国的对外开放、信息技术的迅猛发展、经济持续稳定高速发展使得对英语口语的需求剧增；英语语音、音像资料空前丰富，使得听力教学异军突起等。这些新情况提出了对听力、口语教学要重新定位的要求，甚至有不少专家学者提出中国英语教学应该结束以读写为本的时代，进入以听说为本的新时期。但是从另一个角度来看，这些新情况又进一步巩固了阅读教学在中国英语教学中的地位，不仅从数量和规模上，还从质量上、层次上、样式上对英语阅读提出了更新、更高的要求，因此不少专家学者撰文高呼“我国英语教学应始终以读写为本”“要提高英语水平必须依靠不间断的大量阅读……有了扎实的读与写的基础，听说跟上是不难的”①。关于这一点，我们主张，在大力发展和提倡听力教学与口语教学顺应历史和社会发展的同时，应进一步强调阅读教学在中国英语教学中具有的基础作用，加大力度研究适应新形势的阅读教学新理论、新方法使得阅读教学有新的质量上的提高，从而推动整个中国英语教学和谐统一地向前发展。这是中国英语教学与时俱进，充分利用现代信息技术带来的便利，顺应社会发展的需要和变化所做出的历史性选择。

从 20 世纪 50 年代至今，我国高校英语阅读教学中常见的课堂教学组织模式有以下几种。

① 董亚芬 . 我国英语教学应始终以读写为本 [J]. 外语界，2003（01）：2-6.

（一）传统英语教学法

长期受传统描写语言学和结构主义语言学的影响，我国的英语教学一直把语言作为一个完整体系来教授，采用的传统教学模式包括：生词、语法、教师通过句子分析来解释课文、问与答、练习。这种传统的课文教学以教师为中心，以语法为纲，以句子的分析讲解为主，强调语法和翻译的重要性，常把阅读与翻译等同起来，采用“对号入座”的方法把英语的每一个词或句子替换成汉语的词或句子。这种教学法只注重语言系统知识的传授，忽视交际能力的培养；只注重理解，忽视使用；只注重句子，忽视篇章；只注重准确，忽视流利程度；只注重质量，忽视数量。其结果是学生的注意力大多放在语法、词汇与单句的分析、理解和翻译上，缺乏对整篇文章的综合理解。

（二）常规英语教学法

这种教学法与美国盛行的 SQ3R 阅读法相似。教师首先要求学生课前对课文进行预习，课堂上教师讲解语言点逐句逐段串解，突出语言点，用问答方式让学生进一步熟悉课文，并做阅读练习。这种教学方法明显优于传统英语教学法，但它与客观的阅读心理语言活动仍然不一致，未改变课堂上老师讲学生记的教学模式。学生没有真正经历心理语言学的活动过程，虽然学生在课堂上有一些实践的机会，但这种形式下，教师讲解和学生实践都不符合心理语言学的原则，听教师讲解不等于阅读实践，讲透语言知识不等于上好了阅读课。

1. 听说教学法

20 世纪 60 年代，人们对传统英语教学法提出异议，认为这种教学程序不能很好地培养和提高学生的阅读技能，于是在教学中采用了结构主义的听说法的理论，提出了“听说领先”的指导思想，注重句型训练和听说能力的培养，从而利于阅读技能的提升。课堂上教学通常采取如下步骤：Listening、Oral Practice、Pattern Drills、Looking at the Written Script、Further Practice in a Controlled Context。这种教学程序在一定程度上提高了学生的听说能力，并促进了阅读技能的提升，但它仅适用于最基础的阶段。

近年来，我国的一些高校在总结国内外阅读教学经验的基础上，根据学生的实际情况和教学目的先后对阅读程序进行了有意义的尝试，采用了阅读教学六步骤，即激发兴趣、快速阅读、初步检查、评析讨论、重点练习、综合性活动，简称 MRCDEF 六步教学法。该教学法要求学生把阅读放在课堂上，在教师的指导下，在规定的时间内完成。

这种阅读程序对纠正学生不良的阅读习惯，培养正确的阅读习惯起到了积极的作用。同时，许多教师开始将注意力从单纯的语言知识传授转向培养学生获取信息的能力，摒弃了长期统治我国英语课堂教学的单词讲解—课文分析—课堂练习的“三段教学法”。

2. 语篇教学法

语篇教学法是近年来随着国外新的教学思想、原则和方法（诸如功能意念法和交际教学法）传入我国后在我国应运而生的一种崭新的教学方法。语篇教学的目的在于培养学生理解作者的观点、意图，使学生具有通览全篇的能力，并且注意力主要集中在“篇”，不在“句”，在文章的“意”，更不在语法点。语篇教学以语篇分析为主，就是从表达完整、确切意义、思想内容的语段篇章结构形式入手，分析句子之间、段落之间的衔接和相关意义及逻辑思维的连贯，使学生理解和掌握其中的基础语言现象所表现的交际功能，并从语言交际的动态环境中掌握基础语言现象。

语篇分析可以引导学生通过分析语法词汇的衔接关系掌握句与句、段与段之间的联系，通过分析句际与段际的意义联系来掌握全文的篇章主题和中心思想，同时掌握句子篇章在表达语篇整体意义上所起的作用。语篇分析还可以培养和提高学生分析、归纳、综合的推断能力，并可以对学生进行语言能力的训练（如语法、词汇的衔接手段分析）和交际能力（如理解作者的思维方式、把握语篇整体思想）的训练。

语篇是一系列连续的语段或句子构成的语言整体，在语义上指的是整体意义，它的语言形式必须符合语篇整体意义上的需要，以语法、词汇手段连句成段构成语言整体。所以语篇必须具有语法、词汇等衔接成分，必须符合语义、语用和认识原则，必须在句与句之间的概念上有联系，在句与句的排列上符合逻辑。教师可以根据不同的题材把握重点，进行语篇分析。在语篇教学中，学生除了具备一定的语言基础知识之外，还应具备对英美文化、历史、地理等方面知识的了解，所以在语篇教学中，教师应首先向学生介绍一些必要的背景知识、风土人情和文化习俗等。

二、国外阅读教学的历史

20 世纪 60 年代以来，国外语言学家十分重视对阅读理论的研究，著名心理学家和教育学家布卢姆（B.S.Bloom）认为:“读者在自己具有的背景知识之中，通过语言活动达到对所读材料的理解，然后把信息应用到新情况和实际场景中去，再对信息进行比较和分析，然后进行综合和推论，最后对作者的观点和写作态度进行评估。”①由此可以看出，阅读理解不仅是一种纯语言活动，也是一系列思维、判断、认知和理论等彼此关联的综合过程，其中背景知识和综合能力起着极其重要的作用。威多森（H.G.Widdowson）认为，阅读不仅是获得信息的过程，而且是解释信息的过程。读者对阅读材料的理解决定于他原有的背景知识和语言信息的重要性。②

① 布卢姆 . 教育目标分类学 [M]. 罗黎辉，译 . 上海：华东师范大学出版社，1986.08.

② 威多森 . 英语教学中的问题 [M]. 刘振前，庄会彬，宋青，译 . 上海：上海外语教育出版社，2013.03.

20 世纪 70 年代中期，以明斯基、鲁姆哈特等为代表的现代图式理论产生。图式对整个阅读过程产生影响，其作用主要表现在剪辑和总结计划上。对阅读理解来说，是一种非常重要的心理因素。根据这种理论，读者不是逐字逐句地去理解记忆，而是剪除掉了输入材料的许多细节，保留其基本意义，通过图式的一级剪辑对文章进行了意义的编码，经过图式的二级剪辑，对接收的文章内容进行组织加工，使读者完成认码、解码、预测、验证、重复直至理解整篇文章。

在阅读教学方面，许多国外学者同样提出了多种有影响的教学程序和方法。21 世纪初，迈克尔·韦斯特（Michael West）在改进传统朗读法的基础上提出阅读教学的六个步骤：Newwords、Questions、Read、Written Answers、Extra Questions、Read Aloud。教师根据这些步骤，围绕课文向学生提出问题，让学生带着问题有目的地去阅读课文。

20 世纪 70 年代初期，国外英语教学出现了一个令人瞩目的新趋势，教学研究的重点从教师转向学生，一种新的交际教学法问世。这种教学法反对传统式的机械操作，注意调动学生的积极性，其目的是培养学生的交际能力。在整个教学过程中，一切由学生本人去经历，而教师只是课堂活动的组织者和引导者。这种教学方法是在其他教学思想原则和方法的基础上发展起来的，是语言理论和英语教学深入发展的结果，在世界各国英语教学中受到普遍重视，成为当前影响最大、流行最广的教学法之一。随着交际教学法的兴起，许多国外学者、专家对阅读教学产生了不少有影响的教学程序。英国的杰米·哈尔尼（Jcrcmy IIarnicr）认为，阅读教学应采用五个步骤：Lead in、Teacher Directs Comprehension Task、Students Read for Task、Teacher Directs Feedback、Teacher Directs Text-related Task。其教学特点是：它要求以完成任务来补充、代替过去单调的一问一答的课堂活动。由于其形式比较新颖，学生愿意主动思考和积极配合。这种教学法重视对学生的技能训练，在完成任务的过程中，学生积极开动脑筋，在不知不觉中培养和训练了阅读技能。

三、对于我国当前的英语阅读教学改革的探讨

根据高校英语教学的特点，阅读的任务在于着重提高阅读理解能力；培养学生细致观察语言、假设、判断、分析归纳、推理验证等逻辑思维能力；培养学生速读的能力以及阅读的兴趣；扩大学生的词汇量，增加文化背景知识。在教学方法方面，普遍认为，无论采取何种教学方法，都必须有利于充分调动学生学习的积极性和主动性，培养学生的阅读能力。

我国的高校英语通常将阅读教学分为精读、泛读和快速阅读三种类型。精读课的教学目的就是要求学生在阅读时不仅要弄懂全文，还要弄懂每个句子，主要是培养学

生的阅读理解能力。泛读课的教学目的是培养和提高学生的阅读技巧与阅读速度，不要求学生逐字逐句阅读理解。快速阅读则是要求学生在最短的时间内能够迅速地从阅读材料中获取有用信息。

长期以来，我国高校英语阅读教学大都采用传统的教学法，以精读课为主，在精读课上投入了大量的人力、精力和时间，教学方法单调，课堂上以教师为中心，侧重于语言技巧训练尤其是词汇讲解，忽视文章的主题思想和语篇布局，把阅读看成单纯的语言活动。这种传统的教学法只能使学生认识语言，而认识语言并不等于掌握语言。结果，学生获取的信息较少，阅读速度上不去，知识面狭窄，分析能力差。显然，这种教学方法不符合当今信息密集的时代要求，更不能有效提高学生的交际能力。因此，这种现状必须在教学中加以改革，逐步采用新的教学方法，如语篇教学法、启发式教学法等。

语篇教学是提高学生概念能力的有效途径。概念能力指的是读者在阅读过程中把零星的信息升华为概念的能力。阅读理解实际上是两个人的概念能力、背景知识和加工策略三者之间相互作用的结果。其中，概念能力、背景知识是最重要的。语篇教学法属于功能意念教学的范畴，其指导理论是语言学中语义宏观结构理论和语用宏观结构理论。根据语义宏观结构理论，在教学中，教师将注意力首先集中在引导学生抓住作者的主体思想和中心主题上，然后讲解和分析词、短语和句子意义及惯用法。同样，根据语用宏观结构理论，运用语用分析进行教学有助于提高语言技巧训练的效率，克服孤立讲解语言形式的弊端，使学生能有效、得体地使用语言，确保语言表述的准确性。

采用语篇教学法可使学生摆脱对教师和教材的依赖性，改变以往在课堂上只听不问、只记不说的习惯，使学生从词汇和句子中走出来，根据文章体裁和课文信息来分析判断综合语篇大意，达到提高阅读的速度和理解的准确度的目的。在课堂上教师担任组织者和指导者。据此，教师应当要求学生尽可能快地从阅读材料中得到重点信息，在引导学生掌握语言基础知识的同时，让他们掌握把语言基础知识与其他各种知识结合起来的能力。教师在讲授基础知识和强调语言共性的同时，还要注意阐明篇章结构，点出中心思想和段落大意，教会学生识别主题句，掌握文章的篇章结构、基本内容和中心思想，摸清作者的思维脉络以及词和句子的衔接手段等。

在阅读课教学中，启发式教学法也是一种行之有效的教学手段，它可以引导学生积极思维，分析、比较和综合归纳问题，主动学习和掌握知识。语篇教学与启发式教学是相辅相成的，没有后者就很难达到语篇教学的目的。为了让学生配合教师的教学活动，课堂气氛是否活跃是语篇教学成败的关键。所以，要采用启发式教学，抓住重点，精讲多练，灵活机动，形式多样，充分发挥教师的主导作用和学生的主观能动性，最大限度地调动学生学习的积极性，为他们提供和创造有利的学习环境。同时教师还必须考虑到语言文化的输入和交际能力的培养。文化规则是交际能力必不可少的组成部分，教师要帮助学生了解英美文化，认识西方社会，通过各种途径把文化背景知识的传授和对学生分析问题的能力培养以及语言技巧的训练有机地结合起来。教师有了好的教学方法，还需要学生的积极配合。多读对巩固提高语言知识十分有利，对学生来说，要掌握阅读技能，就必须进行大量阅读练习。

在高校英语阅读课教学中，教师的认真指导和学生的积极配合十分重要。有师生双方的共同努力才会有理想的教学效果，从而达到符合高校英语特色的阅读教学目的。

第二节　英语阅读教学概述

一、阅读过程的特点

20 世纪 60 年代末 70 年代初，古德曼（Goodman，1967）和史密斯（Smith，1970）提出了一个心理语言学的阅读模式，称为“自上而下模式”（top-down）。该模式以概念理论为基础，提出在阅读过程中，阅读者根据本人大脑中已有的句法知识和语义知识对阅读材料进行预测，并在阅读过程中加以证实和修正。根据这一模式，阅读活动实际上是一种语言知识的实践或体现。

后来，有人提出了一种“自下而上模式”（bottom-up）。该模式强调把材料作为信息输入，阅读者从字母和单词的辨认开始，不断进行信息组合，完成阅读活动。该模式遭到了人们的批评，因为它忽视了一系列影响阅读过程的语境因素，把阅读过程当作一种纯粹的语言知识的应用活动。研究表明，一个优秀的阅读者并不需要上下文冗余信息度来完成辨词活动，其实际辨词过程是自动的、不自觉的，他的注意力应集中在语言之外的信息上。

1977 年，鲁梅尔哈特（D.Rumelhart）吸取了人工智能研究领域的最新成果，提出阅读过程实际上是一个多种语言知识，包括文字、词汇、句法和语义等知识的复杂的“相互作用”过程。任何唯一的语言知识都不能完成对阅读材料的真正理解。

1980 年，基思·斯坦诺维奇（Keith.E.Stanovich）提出了阅读能力的层次模式。他指出，在阅读过程中，有几个层次的因素在起作用，包括词语识别、句法分析、语境知识等。阅读时，各个层次（可以是高或低一层次）的知识互相补充。斯坦诺维奇提出的阅读者利用一切可能因素来协调阅读理解的理论对英语阅读教学理论的发展起到了重要的推动作用。

语境知识的概念各人理解不一。根据语用学等学科的理论，语境知识包括语用规则和世界知识（一般的文化知识等）。杰弗里·利奇（Geoffrey Leech）认为，语言交际过程实际上是一种不断解决问题的过程。把杰弗里·利奇的人际交往修辞理论运用到阅读理论中来，可以这样理解阅读过程：对阅读材料原作者来说，他考虑的是，我想要在阅读者的大脑中增加某一信息，我通过哪种方法才能达到这一目的？对读者来说，他面对的问题是，作者写了哪句话（哪段话、哪篇文章、哪本书），他想通过这句话（这段话、这篇文章、这本书）表达什么意思？所以，在双方的交际过程中，双方各有一个编码和解码的复杂过程。

编码和解码的依据来自两方面：一是语言本身的内部结构规律，即合语法性；二是社会交际的原则，即语用原则。语言规则确立语言符号的字面意义，而语用原则则明确语言符号在交际中的实际意义。

世界知识也是阅读能力的一个重要组成部分。研究表明，计算机如果不辅以足够的世界知识，它们是无法真正理解自然语言的。对歧义部分的理解主要依靠阅读者的背景知识和个人经验。一些研究和实验结果显示，由于文化背景的不同，阅读理解上的错误往往呈现出系统性，即不同的文化背景、不同的期待心理和价值尺度、不同的语言思维模式、不同的语言修辞习惯，都会导致语言信息理解上的差异。

因此，目前较能为大多数人所接受的有关阅读行为的观点是：阅读活动是一种、多种因素，多向交流与反应的复杂解码过程。解码依据来自文字、语言、语用、世界等方面的知识。语言知识具体为语音、语法、语义等知识。世界知识中包括一般知识和专业知识。语用知识涉及人际交往修辞规则和语篇修辞原则等。所有影响阅读过程的因素都处在不同的层面上，任何一个都可能与另一个发生互动关系，从而影响对阅读材料理解的速度和准确性。

二、英语阅读能力的跨语言迁移

关于阅读能力，认知派认为，读者—文本之间的交互作用可再分为三个子过程：解码是从印刷文字中直接提取语言信息的过程；文本信息建构是将提取的思想整合起来理解文本意义的过程；情境模型建构则是将组合起来的文本信息与先前知识融合的过程。阅读是否成功，取决于三种能力，即视觉信息提取、信息的累积整合以及文本意义与先前知识的统一。发展观认为，解码能力和理解能力并非是同时发展起来的，学生在口头语言的发展过程中积累了语言理解的技能，学生应能够将口语理解能力迁移到阅读上来。功能理论则认为，阅读目的决定信息加工的方式。卡弗（Carver）将阅读按照认知复杂程度分为五个“挡”，分别用以达到不同的目的。二语读者是一个混合的群体，如没有任何读写经验的学前学生、有不同一语读写经验的学龄学生、具有或者不具有一语读写能力的成年人。

二语读者与一语读者的差异在于：首先，二语读者的一语读写经验可在很大程度上促进二语阅读能力的发展；其次，初学阅读的一语读者在接受阅读教学之前就已通过口头交际奠定了基本的语言基础，而二语阅读教学则开始于掌握足够的二语知识之前；再次，一语阅读教学强调解码能力，以帮助学习者将印刷文字与口语词汇联系起来，而二语阅读教学则重视语言基础的建立；最后，一语阅读的信息加工是在单语中进行的，而二语阅读则需要两种语言的参与。

一语在二语阅读中可能起重要的作用。语言发展研究表明，学生从很早的时候起就开始对母语的一些特征产生敏感；实验研究也表明，语言不同，信息加工过程（如词汇识别、句子句法分析和语篇加工）亦有系统差异。跨语言研究方式可以加深我们对二语阅读的理解，因为一语经验已牢固地内嵌入人的思维习惯中，由此形成的特殊加工机制会影响二语阅读。

关于阅读技能跨语言迁移的两种理论：一是普遍主义观点；二是语言特异观。前者认为，一语阅读的各种技能都可以迁移到二语阅读中，语言间没有差异。早期这方面的研究主要围绕两个基本问题：一是一语与二语阅读能力之间的关系；二是抑制或者促进阅读技能迁移的条件。但是，跨语言句子加工研究和学生语言研究均表明，上述观点并非无懈可击，一语特征的条件作用不仅影响二语习得，而且影响二语加工中使用的认知程序。相反，在跨语言研究的基础上提出的语言特异观则强调文本意义建构所必需的语言加工能力（包括解码、形态分析、句法切分以及语篇加工），认为具有不同一语背景的学习者在二语阅读过程中采用的是不同的认知策略。

根据联通主义理论，语言习得是内化形式、格标记手段功能同现概率的过程，语言加工是语言形式（如动词前成分定位、主谓一致、格标记手段等）与相对应的功能（表意的能动性、起因、主题性等）之间映合的过程。因此，形式—功能同现频率越高，连贯越强，被激活的可能性越大，加工也就越容易。上述理论带给我们的启示是：语言加工要求读者具有将语言形式融入对应的功能上的能力，加工能力是与目标语接触经验的累积，功能—形式映合建立起来以后可以自动地被激活。

三、阅读教学的目的与内容

阅读分三层，即字面阅读、推理阅读和形象阅读。字面阅读是对阅读的最基本要求，推理阅读则指读者能依据文章的细节材料推测出作者的言外之意、弦外之音，根据字面意思进行必要的推理、推论。形象阅读要求读者能将阅读材料与真实的生活联系起来，特别是与读者自身的经历、知识、观点联系起来。阅读应能激发学生的思维能力、想象能力和创造能力。阅读的层次也对阅读教学提出了层次要求，使阅读教学有了明确的目标和需要训练的内容。

（一）阅读教学的目的

具体说来阅读教学的目的包括：培养基本的理解技能；培养真实生活的阅读技能；培养灵活的阅读技能，使学生可以根据不同的阅读目的选择不同的阅读方式；培养批判性阅读能力；培养自主阅读者，即使学生能够自己决定阅读的目的、选择适当的阅读方式、监控阅读的过程、评估阅读的效果；增加学生的语言知识、社会文化知识和阅读知识；减少读者背景知识的依赖性，帮助其掌握词语自动解码的技能。

（二）阅读教学的内容

阅读教学应以培养学生的各种阅读技能为主要内容，包括：辨认语言符号，猜测陌生词语的意思和用法；理解概念及文章的隐含意义；理解句子言语的交际意义及句子之间的关系，通过衔接词理解文章各部分之间的意义关系；辨认语篇指示词语，确定文章语篇的主要观点或主要信息；从支撑细节中理解主题；总结文章的主要信息；培养基本的推理技巧；培养跳读技巧；培养略读技巧；将信息图表化。

第三节　英语阅读教学的基本原则

威廉姆·格拉贝和弗雷德里克·斯托勒（William Grabe & Fredricka.L.Stoller）在《阅读教学与研究》[①]一书中总结了教师在准备阅读教学时必须考虑到的关键因素。不同的教师、不同的教学条件和环境、不同的学生、不同的教学目的以及其他与英语教学相关的不同，反映在阅读教学上，就必然演化出各种各样的阅读教学活动，这就是英语阅读教学实践的多样性。但是从理论上讲，在这些各不相同的英语阅读教学活动与任务的后面，有些共同的原则是必须遵守的。

博蒙特（Beaumont）总结出六条高效阅读的特征：目的性强；目的决定阅读方式；目的决定阅读速度；无声阅读；阅读材料以语篇为基础；应用各种认知技能。

胡春洞认为，“中国中学英语阅读教学严重存在‘三紧三松’的倾向。所谓‘三紧’，就是朗读抓得紧、精读抓得紧、课内读抓得紧；所谓‘三松’，就是默读抓得松、泛读抓得松、课外读抓得松。他反对‘三紧三松’，主张‘三结合’，即朗读与默读相结合、精读与泛读相结合、课内读与课外读相结合。”[②]实际上，这三对阅读方式的应用，

① 威廉姆·格拉贝，弗雷德里克·斯托勒.阅读教学与研究[M].赵燕，译.北京：外语教学与研究出版社，2005.

② 胡春洞，戴忠信.英语阅读论[M].南宁：广西教育出版社，1998.

是一种动态和发展的过程。初学者应该朗读多，默读少;精读多，泛读少;课内读的多，课外读的少。随着学生学习的深入和英语水平的提高，按社团法理论的说法就是，随着学生从“birth stage”向“child stage”发展，最后达到“adult stage”，三对阅读方式中的朗读、精读和课内读就应该逐步减少，而默读、泛读和课外读则应该逐步增加，最后变为朗读少，默读多；精读少，泛读多；课内读少，课外读多。

王蔷、程晓堂等人认为，英语阅读教学方法应该遵循六项原则：教材及其相关任务应该与学生的语言水平相一致；任务应该在阅读前布置；阅读任务设计应该着眼于提高学生进行选择性的、智力型的、全局性的阅读理解能力，而不是意在测试学生对细节的理解；阅读任务应该有利于培养学生的阅读技巧，而不是简单地检测他们的阅读理解；教师不仅应该帮助学生处理眼前具体的阅读材料，还应该帮助他们掌握更多的阅读策略和提高阅读能力；教师应该帮助学生学会自主阅读。①

杰里米·哈默（Jeremy Harmer）也提出阅读教学的五项原则：第一，成功的阅读往往需要读者进行一系列积极的活动，包括认真理解词义、了解作者所要传达的信息、明白其中的逻辑关系、考问自己是否同意作者的观点等。第二，学生应该进入阅读材料所描绘的内容中去。第三，关注语言内容和关注语言形式同等重要。第四，鼓励学生调动自己已有的相关知识，对正在阅读的内容进行积极的预测，以推动阅读理解的顺利进行。第五，教师必须针对阅读材料的主题内容，结合学生的实际情况，设计出适当的阅读任务。②

将上述各项阅读教学原则综合起来，可以概括出英语阅读教学应该遵循的主要原则。但无论什么原则，其具体运用还得根据教学的实际情况而定，也就是通常所说的“教有法，无定法”。

一、选择适当的教学模式

阅读教学模式有三种：自下而上、自上而下和交互补偿。由于第一种和第二种都有其局限性，所以一般采用交互模式。尽管很多研究都在说自下而上的模式应该受到重视（构成阅读困难的主要问题是词汇），但如果阅读教学太注重词汇的训练则会剥夺学生对阅读的兴趣，因为在阅读中令学生感兴趣的不是故事中的词语，而更多的是故事本身（包括其中的人物，事件，蕴含的哲理、观点和思想等），故事的知识性、非趣味性，等等。所以，阅读教学所应采取的模式应是以自上而下的模式为主、自下而上的模式为辅。

---

① 王蔷主编 . 英语教学法教程 [M]. 北京：高等教育出版社，2000.

② 杰里米·哈默 . 怎样教英语 [M]. 北京：外语教学与研究出版社，2000.

二、尽早开展阅读教学

阅读的内容很广，可以是一个单词、一个短语、一句话、一个完整的语篇；可以是只言片语，也可以是长篇大论；可以是独白，也可以是对话；可以是诗歌、散文，也可以是小说、评论等。从学习者看到英语字母的时刻起，阅读就已经开始。因此，应尽早开展阅读教学。相当多的研究发现，一年级中阅读能力低下者，其阅读能力将持续低下，开始的错误可能会导致永久的阅读低效，也就不可能培养流畅的阅读者。所以应尽早地采取预防措施，一开始就给学生传授阅读技巧和阅读策略。

三、采用三段教学步骤

阅读教学的开展应包括“读前活动”“阅读活动”和“读后活动”三个阶段。这种方法被称作整体阅读，它的目的是把精读与泛读融合在一起，并且在一篇教学材料中进行语言技巧与阅读技巧的训练。“读前活动”为阅读的导入阶段。在此阶段主要的任务有两个，一是背景知识的激活，二是提前学习新词。教师应根据学生和阅读材料的具体情况选择适当的操作方式。

开展“读前活动”的主要目的是：激发学生阅读的动机；激活和提供必要的背景知识；引出话题；为进一步阅读解决语言理解上的障碍。

“阅读活动”阶段以学生阅读为主。为了保证阅读的有效性必须交代清楚阅读的任务。该阶段所设计的活动以训练学生的阅读技能为目标，具体可应用如下活动：了解文章的大意；捕捉具体信息；将信息图表化；记录文章的要点或具体信息；勾画文章的结构；回答事实性问题；回答推理性问题；将事件排序；根据上下文推测词义；理解文中的复指现象。

“读后活动”阶段的目的有两个，一是根据阅读内容所进行的各种思维活动；二是鼓励学生将所阅读的内容与自己的经历、知识、兴趣和观点相联系。具体包括：对阅读质量的检查评估（可通过提问、书面检查等形式进行评估）；对学生阅读过程表现的评估（如通过学生自我汇报的方式）；对策略使用的评估（如组织学生就自己的阅读方式进行讨论，也可通过问卷和写读书笔记的方式进行）；依据所阅读的材料进行口头或笔头的练习（如角色扮演、大意复述、采访活动等）；将阅读信息与材料外的信息相联系（如换角讲故事，介绍自己类似的经历、模仿写作等）。

四、阅读教学注意事项

建立阅读实验室提供个体阅读指导，并且进行课程以外的阅读技巧和阅读策略的训练；鼓励持久地默读以促进阅读的流畅、增强自信，提高对阅读材料的欣赏力；注意激发学生的背景知识。如果学生不具备足够的背景知识，应提供最起码的背景知识帮助其理解所要阅读的材料；具体阅读技巧和阅读策略应置于训练的首要位置；技巧和策略的选择应根据教育的环境、学生的需求和教学的目标裁定；应经常组织小组活动和合作性学习，使学生可以就阅读材料展开讨论，共同处理阅读中的有关信息，探索解决复杂问题的不同方式；鼓励学生大量阅读，学生是“通过阅读学会阅读”的；进行快速阅读的训练，将有助于促进解码的自动化；阅读的策略教学应采用显性的教学方式。显性阅读教学包括教师的示范、直接操练和评估；阅读中给予学生充分的自由，让学生自己确定阅读的材料、阅读的目标和需采用的策略；尽可能采用合作性阅读，培养学生的合作精神；阅读中问题的提出应切合学生实际，反映学生的需求，适合学生的口味，激发学生的兴趣。

五、培养流畅的阅读者

流畅阅读指快速的、有目的的、交互的、理解性的、灵活的阅读。它是通过学生的长期努力不断发展的结果。从某种意义上讲，阅读教学的目的就是培养流畅的读者。

在流畅阅读训练中应注意：鼓励学生每天阅读新故事并且回读已经读过的故事；逐步增加阅读材料的难度；将阅读信息与学生感兴趣的其他事件相联系，组织学生进行讨论；不论是阅读故事性材料还是阅读知识性材料，都要鼓励学生反思示范理解策略，提供指导性的帮助；训练跳读和览读的阅读技能；训练学生根据上下文猜测词义的能力；帮助学生确定阅读目标，选择适当的阅读策略；训练学生建立各种疑难句法、词语和组织结构的策略；大量地、反复地训练学生单词解码的自主性。

第四节　英语阅读教学中的关键环节

下面从阅读教学技巧的角度对高校英语阅读教学中几个关键环节做具体陈述。

一、重视阅读前的预热环节

将一篇文章展现给学生并不意味着能直接引起学生的阅读欲望与兴趣，而通过阅读前的预热环节则能够激发学生的阅读兴趣，引导学生逐步掌握阅读技巧，从而进行有效的阅读。实践证明，阅读前的预热活动是非常重要的。

现代图式理论对图式和阅读理解的关系所进行的研究为阅读教学提供了非常好的借鉴。所谓图式，即记忆中的知识结构。这里的知识结构既包括文化背景知识，也包括词汇和语法等语言知识。鲁梅尔哈特（D.Rumelhart，1980）指出，在阅读过程中图式被激活，并与文章中的知识有意义地联系起来。另有学者也提出，如果读者脑中缺乏相应的图式，或未能将其激活，理解就会受到影响。可见，阅读前的预热活动就是激活相应的图式或向学生提供其脑中所缺少的图式。亚当斯·玛丽利（Adams Marily，1980）在研究激活文章内容陈述与阅读理解的关系时认为，阅读前如果就文章内容做一些简洁的提示，阅读者对文章的理解深度和速度明显快于没接受到任何提示的阅读者。

上文论及的图式包括了文化背景知识，也包括了词汇和语法等语言知识。对此，约翰逊（Johnson，1988）曾对文化背景知识和阅读理解之间的关系做了实证性研究。他让学生阅读一篇有关万圣节的文章，然后仔细观察与研究学生的阅读理解过程。首先他让学生预先参加了有关万圣节的活动，其次阅读这篇文章。结果表明，预先对文章主题有一定的亲身体验，有助于对文章内容的理解，而缺乏相关文化背景体验，会明显影响阅读者对文章的理解。这说明文化背景知识和阅读理解有着密不可分的联系，相关文化背景知识是阅读前必备的知识和阅读教学中重要的预热环节。

关于语言能力和阅读理解的关系，维马恩斯（Wimarns，1986）认为，语言能力是阅读能力的重要组成部分；奥尔德森（Alderson，1984）则认为，成功运用阅读技巧和方法必须具有最低限度的语言能力。因此，语言知识也是阅读前预热环节的必备因素。

总之，阅读前预热的目的是向学生提供其所缺少的知识，帮助他们在脑中构建图式，充分调动其兴趣，最终使其理解文章脉络。

二、重视文化背景知识教学

语言的发展历程告诉我们，语言和文化有着密不可分的关系。语言深深地扎根于文化之中，任何语言学习者都无法忽略语言对社会文化的影响，也不能不通过社会文化知识来达到一定的交际目的。

学生置身于英美等以英语为母语国家的文化氛围之外，对其社会文化了解相对较少。他们面对一篇陌生的课文，犹如面对一个陌生人，如果没有介绍其姓名、身份、来自何处以及目的等，是很难对“他”产生兴趣、产生了解欲望的。没有必要的文化背景介绍，学生很难对一篇陌生的课文产生兴趣和了解其精神实质的欲望。必要的文化背景介绍不仅可以激发学生的好奇感与兴趣，使他们产生阅读的欲望，积极地投入课文学习中，而且还可以使他们准确地把握文章要旨，对课文进行深入理解。

在教学中，对文化背景知识的介绍在注意学生可接受性的同时应采取借题发挥等灵活多样的方式进行激发与引导。在讲解一篇新课文之前，可根据标题、作者生平或课文主题等一切可以诱发学生兴趣的题目进行发挥，使其对课文产生兴趣，从而产生“读”的欲望。

（一）图画导入法

哈德逊（Hudson，1982）曾对图画在阅读理解导入中的作用进行了实证性研究。他把大学生按照水平分为高、中、低三级，每一级又分为三个组，第一组采用图片作为阅读导入手段，第二组采用关键词作为阅读导入手段，第三组不采用任何手段。结果表明，采用图片作为阅读导入手段显示出了较好的效果，尤其是对中级和低级两组的学生有更大的帮助。这个实证性研究结果说明，图画导入法有助于学生对文章内容的理解，尤其对高校英语低年级学生效果更加明显。

（二）借题发挥法

借题发挥法是指与就事论事相反的审题立意方法。运用借题发挥法能很快把握文章题旨，明确文章的立论方向，准确把握与理解文章局部内涵。运用借题发挥法要掌握两个要点，一是“借题”，二是“发挥”。借题之精髓、内涵，发己之见解、观点，而且所发表的观点与所借题目要一脉相承、一线相通。也就是说，阐述的观点确实是从题目中引发出来的。一般说来，引导学生阅读文章时，所阐发的观点其实就是文章中所蕴含的深意的表露。掌握这两个要点，学生阅读时就能得心应手，理解深刻。

在阅读教学实践中，借题发挥法的范畴非常广泛。只要有利于阅读理解，就可以借文章的暗示，调动一切方法刺激学生的阅读欲望，激发他们的热情。目前的阅读教材基本都设置了类似于 Warm-up Activities 的问题，教师可以针对文章大意向学生发问，引导他们抓住全文的要领。除了就文章大意进行提问，教师还可以针对标题借题发挥，进行提问。此外，引人入胜的文章开头、出人意料的结尾和文章的时间顺序等，都是借题发挥进行提问的好素材。借题发挥式的提问有两个优点：其一，有利于学生对全文大意的理解；其二，有利于激发学生的阅读兴趣，树立明确的阅读目标最终成功完成阅读任务。

除了提问，教师还可以就文章背景和特定重要语句中的关键词进行发挥，帮助学生了解文章背景，从而锻炼其阅读理解能力。必要的文化背景知识介绍非常有利于激发学生对所学课文的兴趣。这不仅能帮助学生加深对课文主旨的理解，而且还能扩大其知识面。

高校英语阅读课本选材通常融知识性、趣味性为一体，许多文章都含有丰富的文化背景信息。为了通过语言来领略文章所展示的西方社会，不仅需要在讲解课文之前介绍必要的文化背景知识，还要对个别单句，甚至单词讲解必要的文化背景知识，否则学生对单句的理解就不容易做到透彻全面，对单词的理解与记忆就会大打折扣，这一点需要引起充分的重视。

三、语言点的处理要科学化

阅读教学毕竟是语言教学，旨在帮助学生打好语言基础，而语言点的处理则是阅读教学中的中心环节，这一环节的好坏直接关系到阅读教学的成败。

语言点就是指课文中出现的要求学生熟练掌握的关键性词汇、短语和句型。语言点的处理所采用的教学方式应科学化，遵循省时、省力和恰到好处的原则，易于学生掌握。具体步骤如下。

（一）分清主次，选好语言点

语言点是语法、固定搭配和习惯用法等方面的综合。在阅读教学中语言点的选择要由易到难、由简单到复杂，要选择最基本和最实用的。每篇课文都有许多可讲解的语言点，对此应采取科学的态度，既不能选定过多，使学生难以消化而丧失信心，也不能选定过少，使学生没有收获感而挫伤其积极性。所以应根据语言点的积极程度及学生的实际接受能力选定适量的、最常用的、容易出错误的、要求确切掌握的常用词、短语及句型，而将其他的一语带过或仅做简单交代。例如，interesting 和 interested 这两个词学生都非常熟悉，但在实际运用过程中并不一定用得准确，类似这样的语言现象可选定为语言点。

（二）语言点的释义要确切，教学要精讲多练

解释语言点时要力求用英语解释并力求简明扼要。由于英汉两种语言的文化背景习惯有较大差异，学生对语言点的汉英思维词并不完全等值，经常会出现理解困难，因此必要时也可与汉语释义互相比较，但一定要含义确切、中肯，以免产生歧义，其主要目的是通过对比、归纳帮助学习者理解和掌握。

精讲多练原则是提高课堂效率的有效办法。语言点的讲解与操练一定要本着精讲多练的原则，避免过多引申、辨析，否则学生会产生迷惑，会牵制学生过多的精力而忽略了对课文的理解。所谓精讲，即攻破重点、难点。容易、易懂的知识点让学生自学或一带而过，这样讲课可以重点突出，简练而有节奏，同时培养学生的信心，激发学生的求知欲。所谓多练，即针对一个问题变换不同的习题形式考查学生，可使学生举一反三、触类旁通，培养学生分析问题和解决问题的能力。对待难点还可以采取演示、图画、计算机辅助等方法，加强直观性、形象性，帮助学生加深理解。有了精讲会省出更多的时间实现对语言点的练狠、练透，使学生真正掌握。除此以外，在课后练习阶段也应结合语言点反复进行练习。

精讲多练原则对教师提出了明确的要求。作为教师，首先要吃透教材，了解学生的需求，确定如何把精讲与多练相结合，确定哪些内容需要精讲，哪些内容需要多练。

其次要精确地把握重点和难点，在精讲的基础上，给学生留出一定的思维空间。鉴于此，精讲要言简意赅，争取寥寥数语就能让学生开窍，但又不能讲得过于简单，说理不透，使学生不能全面深刻地理解和掌握。精讲视课文内容、知识深浅、学生的可接受性及领悟程度而定。精讲还要提取精华，分析精辟，真正体现出“成在舌耕，功在思考”，让学生确切理解。再次教师要在有限的学时内加大练习力度，做到练中有讲、讲中有练，根据当堂所授内容，及时练习巩固。可采用灵活多样的形式，如小测验、口试、笔试等，让学生相互检查或者教师公布答案等方法，层层深入，逐步提高，努力促进学生的技能迁移，使学生举一反三、触类旁通，熟练应用。课堂练习对于巩固语言点和引导学生熟练应用，培养学生的语言能力和交际能力具有相当重要的作用，是必不可少的一个教学环节。最后教师应正确认识到自己在不同教学环节的不同作用，及时调整教学方法，使教与学相互融合，达到最佳效果。因此，学生课堂多练习不等于教师没事干，教师要深入学生中细致观察、耐心指导，检查当堂练习有哪些成效，哪些方面还存在缺点错误。通过练习，克服错误，肯定成绩，提高学生的学习信心，争取更大进步。教师作为组织者、引导者、解疑者，在课堂上要根据认识规律和学生的实际，让学生自己动脑、动手，师生互动剖析问题，达到启迪思维、培养能力之目的。同时，教师还要不失时机地抓好学生课堂训练，因为这是完善课堂教学的重要一环，是调节课堂教学机制的重要手段。我们不仅要鼓励学生大胆实践尝试，而且要做到练中有讲，让学生理解，达到强化知识、熟练运用知识之目的。

精讲多练可以极大地发挥学生主体性，但是在课堂上如何取得好的效果，还需在各方面不断探索，如重难点的突破、计算机课件的制作、习题的选编、学生的学情分析等，都需要慢慢摸索，积累经验。

（三）语言点例句的选用应力求实用新颖

例句是语言点教学最基本的材料，对学生来讲，实用新颖的典型例句可接受性强，教学目的容易达到，而任意编造、内容陈旧、缺少信息量与哲理性的不实用例句不但不能激发学生的兴趣，反而会引发他们产生排斥心理。

大学生的心理发展已基本成熟，他们知识面较广，求知欲强，有较高的鉴赏力。据此，在选用与改编例句时一定要考虑他们的这一心理特征。

（四）语言点的操练形式要灵活多样

在阅读教学中，教师要对文章中出现的语言点进行处理。对于这部分内容，传统的教学法是由教师直接解释每个语言点，给出两个例句，然后让学生翻译或造句，这样的课堂比较枯燥，学生是被动地接受知识。对此，教师应认识到，学生更倾向于主动积极地接受新东西，在讲解语言点前，可以将学生必须掌握的语言点呈现出来，设计一些具有交际性的教学活动，使其积极地投入语言点的操练中。

灵活多样的操练会带来生动活泼的教学效果。“灵活多样”指的是语言点的操练不拘泥于某一种或几种操练形式，而是根据学生的实际水平和接受能力采用多种形式交替反复使用。在教学实践中，既有英汉互译这种传统的操练形式，或选择填空、正误对比等比较机械的练习形式，也有情景造句、提问回答、连词成句，甚至连词成篇等较为灵活的形式。充分调动学生的积极性，增强语言操练的生动活泼性，避免操练的机械枯燥性。遵循“灵活多样”原则，可以改变传统的语言点教法，教给学生自学的方法，使他们自觉接受知识的空间更广阔。

在阅读教学中，把语言点讲清、说透，并使学生能灵活准确地使用，是提高教学质量的关键之一。教学实践表明，要想真正地把语言点讲清、说透，需要注意使用巧劲，即灵活多样。随着知识的积累，学生会见到许多形式相似、意义相近的短语，结果不可避免地产生一些模糊认识。所以，教师很有必要采用对比法，在适当的时候把一些容易混淆的语言点进行对比，使其明晰化和具体化。

学生通常是通过学习课文和做练习来掌握语言点的，这种学习的零散性很有可能造成学生在运用知识时的片面性。所以，教师很有必要采用归纳法，在适当的时候把一些零散的语言点相互关联，使其系统化、网络化，这样才能帮助学生更好地掌握和自如地运用已经学过的知识。

面对上述问题，教师应遵循灵活多样的原则，采用对比法和归纳法，使学生能够正确理解其差异和相互联系，以便熟练恰当准确地掌握和运用这些短语。

此外，教师还应特别注意学生的学习个性，充分调动其自主学习的积极性，让他们主动地学习语言点。教师在上语言点课前，可以将教学大纲要求学生必须掌握的语言点简单地呈现出来，然后让学生利用自己的工具书对这些语言点预习。下一节课，教师可直接给出一些习题，让学生分组做题，与学生共同分析，评出优胜小组，最后教师再对语言点进行归纳总结。习题的形式可以多样化，如选择、造句、改错、翻译等，而且教师可以根据相关的语言点，根据语言实际应用列出重点，在学生答对后，及时进行鼓励。如此一来，学生的积极性会大大提高，同时也能帮助学生克服英语学习的恐惧感。

“学生自主学习语言点”改变了传统的语言点教法，教给学生一些自学的方法，让学生逐步养成自主学习的好习惯，使他们在主动积极的状态中打下较好的语言基本功。

四、重视语篇教学

语篇教学是以篇章语言学理论为基础、由国外传入我国的一种较新的教学方法。它的注意力主要集中在“篇”，而不在“句”，目的在于培养学生通览全篇的能力。

语篇分析在阅读教学中具有非常重要的作用。传统的阅读教学在语法翻译法理论指导下，依赖语法分析来理解语义，用能否译成确切的母语作为衡量理解的标准，学生的注意力集中在词汇与语法之间，处于被动的地位，因而缺乏深层理解能力和联想能力，阅读速度上不去，交际运用能力也跟不上。从教师的角度看，由于传统理论强调从音素—字母对应、词组—句子对译关系着手，语言点讲解往往不能紧扣上下文，即不能紧扣语篇语境做全面的分析。从心理语言学角度看，阅读实际是交流的互动过程，英语阅读其实就是对语篇的积极询问，是读者与作者进行积极的双向交流活动的一个互动过程。作者通过语篇表现其信息编码，而读者通过解码来获得语篇的含义。因此，在此过程中，学生应充分发挥主观能动性。

语篇理论下的阅读教学是对语篇层次进行外部分析和内部分析，并在此基础上组织教学。语篇层次的外部分析是从语场、语旨和语式着手的。“语场”指发生的事情、进行的社会活动和交流的内容，与概念功能相关。“语旨”指的是交际参与者之间的人际关系以及语言在特定语境中的使用目的，与交际功能相关。“语式”指在特定语境中使用何种方式来表达意思和传达信息，与语篇功能相关。语场、语旨和语式这三种语境的符号组成部分分别涉及迈克尔·哈利迪（Michael Halliday，1973）在Explorations in the Function of Language① 一书中指出的语言三大功能。从教学角度看，就是把课文作为整体，从文章的层次结构和内容入手，要求学生掌握文章所传递的主要信息。语篇层次的内部分析，是对实现语篇的语言手段展开分析，不仅要分析小句，即语义基本单位的功能，而且要分析语篇的“主位—述位”分布、“衔接”和“连贯”手段、修辞文体手段及信息结构等方面，侧重培养学生的语言综合运用能力和交际能力。

由于语篇教学法的重点强调以学生为主体，学生必须参与分析、推理、归纳、总结等认知过程。在教学实践中，根据篇章语言学理论，教师应主要引导学生根据标题预测大致内容，在引入的基础上回答一些启发性思考题。注意精讲部分重要词汇用法和辨析词义，疏通语言点并提供练习句型，划分段落并总结段落大意，分析语篇的衔接手段，了解论点论据之间的关系，组织学生进行讨论、复述、议论等课堂交际活动，加深认识文章的主题思想。师生共同探讨文章的发展布局、写作技巧、修辞手法和文体风格等，以培养学生高层次的综合语言运用能力。整个过程中穿插各种练习，并注意口头和写作练习的合理分配，培养阅读兴趣，增强阅读信心和培养良好的阅读习惯。在进行正常课文教学的同时，选择学生感兴趣、融知识性和趣味性为一体的、可读性强的课外阅读材料让学生阅读，让学生感到阅读是一种享受，不是呆板地“读”，而是“欣赏”文章。教师要在教学过程中注意培养学生的阅读习惯，克服疲劳和倦怠心理，

① Michael Halliday.Explorations in the functions of language[M].London：Edward Arnold，1973.

克服心译等不良的阅读习惯。

篇章语言学理论赋予阅读教学深刻的理论内涵，将语篇分析和阅读教学紧密联系在一起。它可以帮助学生在阅读过程中从被动转向主动，同时也可以帮助教师在教学中从单向交流转向互动交流，从而在教学中增加语言单位从句子到语篇的认识，为阅读教学提供了具体方法上的借鉴。

上述内容表明了语篇在交际中的重要性，即它在交际中有时要比句子的准确性更为重要。要进行交际，读者或听者只有了解语篇才能更好地与作者或说话人进行交流，反过来，作者或说话人只有按照一定的篇章结构表达才能被读者或听者理解。由此看来，阅读应首先在句子层次上帮助学生学习基本的词汇、语法、语音，以打好坚实的语言基础，同时还要在适当的时候，结合实际情况过渡到语篇层次，以培养学生语篇水平上的交际能力。句子层次的语言训练是为语篇层次做准备的，缺少这种准备，语篇水平上的交际就无法进行。所以，阅读教学要两手抓，在打好学生语言基础的同时，一定要重视语篇教学，培养学生语篇水平上的交际能力，否则学生在交际中就会处于被动地位。

阅读作为高校英语课程中的重要组成部分，理应担负起提升学生语篇理解能力的任务。在教学实践中，应从“衔接”与“连贯”这两个词组理解语篇结构的必要手段入手，了解句子之间、段落之间的相关意义及逻辑关系，使学生从中体会语言基础现象所表现的交际功能，并在语言交际的动态环境中打好语言基础。这样做不但可以使学生掌握句子和语篇结合所表达的整体意义，把握全文的篇章主题和中心思想，还可以培养和提高学生的分析、归纳、综合的推断能力，通过增强他们对语篇表层衔接手段的意识和敏感度以及对深层语义关系的逻辑判断力，达到获取语篇水平上的交际能力的目的。

以上这四个环节是阅读教学中最关键的环节，决定着阅读课的成败。当然，除此之外其他环节也应注意。例如，在练习阶段，教师怎样避免充当核对答案的角色等，都是非常值得研究的。此外，许多的微型教学技巧，如语言的解释方式、启发式的提问、生动有趣与活泼的操练实践活动等，都能对提升阅读教学效果起到重要的促进作用，值得广大英语教师不断地进行研究与实践。

第五章　新时代背景下高校英语阅读教学策略

第一节　阅读学习策略

学习策略一般可以分为三类，即元认知策略、认知策略和社交 / 情感策略。下面笔者来阐释阅读学习中的这三种策略。

一、阅读学习中的元认知策略

阅读中的元认知策略是指学习者作为一个主动的个体，有意识地使用元认知对阅读学习任务进行合理的安排、计划、监控、调节和评价，通过不断调整与完善，使自己的阅读学习方法和过程更趋合理、高效。

（一）确定阅读目的

当代英语教学理论认为，阅读的目的有三个：为获取信息而阅读、为学习语言知识而阅读、为掌握阅读技能而阅读。因此，阅读能力的培养不仅是学习阅读材料中的语言知识，更重要的是获取其中的语言信息，并通过阅读过程学习和掌握一定的阅读策略。

（二）选择阅读材料

大多数的英语学习者最初都是通过其所学习的课本来接触阅读材料的，而这样的阅读材料通常都是经过非本族语编者的简化或改写的，其目的是帮助学习者学习特定的语法和词汇知识。这样的文章通常篇幅短小，体裁单一，要求阅读者仔细阅读每一个语法和词汇细节。因此，阅读者常常要进行逐字逐句的阅读。事实上，这样的阅读材料往往使阅读者错失了很多练习不同的阅读策略的机会。

要想熟悉阅读策略的使用，真正地提高阅读水平，阅读者除了阅读课本之外，还要尝试阅读原文阅读材料。所谓“原文阅读材料”，是指由本族语者所写的，以帮助本族语者获得更多的信息，或是进行娱乐，而并非进行语言教学的文字材料。但是许多原文阅读材料并不适合阅读者的语言水平，因此阅读者要对原文的阅读材料进行仔细的选择，其选择依据如下。

1. 依据合适的难度

阅读者应该选择尽可能少借助字典进行理解的阅读材料。阅读过程中，如果阅读者太过频繁地使用字典辅助阅读，很快就会在接下来的理解文章词句和全文的过程中变得疲惫甚至疑惑。值得庆幸的是，原文阅读材料的难易程度不一，有较为简单的（如车票、时间表、菜单等），有难度适中的（如通知、报道、小故事等），也有较为复杂的（如文学作品、评论、科普文章等）。因此，阅读者往往可以选择适合自身阅读水平的阅读材料。

2. 选择熟悉的主题

对于阅读材料主题的熟悉程度会影响阅读者对文中生词意义的猜测和对于语言能力不足的补偿。初学者或是中等程度的阅读者应该选择自己有所了解的材料。例如，阅读者如想练习阅读英文报纸或杂志，可以先选择关于某一主题的汉语文章，再阅读同一主题的英语文章。

3. 选择自己感兴趣的材料

在阅读过程中，阅读者的兴趣具有很大的作用。兴趣能使阅读者更容易继续阅读下去。例如，阅读者如果想要旅行，就可以阅读以英语书写的旅游手册；如果想要提高英语的使用水平，可以多读英语国家的报纸和杂志等。

4. 制订阅读计划

常言道："凡事预则立，不预则废。"英语阅读更是如此，如果没有阅读计划，不仅容易造成时间上的浪费，也容易因缺乏系统性而导致阅读效果不佳。阅读者为阅读过程制订计划就好比是足球教练在比赛前针对对方球队的特点提出了对策。制订了阅读计划就意味着自己掌握了阅读的主动权，可以把课内和课外时间有意识地利用起来，自主进行阅读活动，有意识地增强自己的阅读意识，并最终形成自主阅读的学习能力。

通常来讲，制订阅读计划是指阅读者依据阅读任务的性质和特点，制订阅读过程中需要实施的步骤，考虑选择何种阅读策略，预计阅读结果等。这一策略具体包括设置阅读目标、浏览阅读材料、提出问题以及分析如何完成阅读任务。

在制订英语阅读计划时，可以运用不同的策略。例如，激活背景知识、预测文章主旨、组织性计划、自我管理等。通过使用这些策略，可以对阅读材料有进一步的认识，从而成功地为下一步的阅读做好心理准备，并为具体的阅读过程做好铺垫。

5. 监控阅读过程

监控是指在阅读活动中，阅读者依照一定的评价标准对阅读进行及时评价，反馈阅读活动过程的各种情况，发现不足，并及时修正、调整策略，以达到预定目标。

监控策略主要包括以下几方面。

（1）方向监控

方向监控即确定应该采用何种阅读的方式。例如，采用略读策略来扫描文章从而迅速掌握主旨大意；采用寻读策略来搜索、确定具体信息，从而达到找出答案、解决问题的目的；采用泛读策略来处理较长材料，从而达到整体理解文章的目的；采用精读策略，来处理关于细节的阅读，运用 what、who、when、where、why 和 how 提问法，对主体及其情节发展脉络，进行有效的监控。

（2）进程监控

进程监控即边阅读边进行思考，观察识别材料提示的重要信息。理解中断后，识别难点并应用有效方法理解难句，通过上下文猜测词义。根据有关线索判断重要信息，完成相关的阅读要求。

（3）策略监控

策略监控即采用自我提问的方式，检验自己的答案正确与否，从多角度分析问题，进行推理，懂得运用有效策略处理综合性问题。

6. 自我评价阅读过程

自我评价是指阅读者按照阅读计划，在阅读活动结束时，自我检查阅读效果如何，总结得失。这包括纠正阅读过程中的错误，排除阅读障碍和调整阅读思路。事实上，这一过程既是阅读活动的结束，又是调节阅读策略的使用、采取相应的补救措施的新一轮阅读活动的开始。

成功的阅读者往往能对是否达到他们阅读前所设置的目标以及阅读理解的效果做出评价。如果未能达到预期目标和理想效果，他们就会主动寻找原因，并在下次阅读过程中做出相应的调整，达到阅读的预期目标。例如，他们会评价自己在阅读过程中做出的预测和利用上下文猜测的词义是否恰当和正确，如果失败，他们会思考如何在下次阅读过程中做出调整。

7. 记笔记

在阅读过程中，阅读者往往可以记录一些重要的信息，以帮助进一步理解阅读材料的全文和细节。好的阅读笔记应该尽可能简短、精确，且不遗漏任何重要信息。

在记录笔记的过程中，应该注意如下几点：要有选择性和系统性；记录笔记时，阅读者需明确并不是文章的每一条信息都与阅读的需要有关，阅读者要学会筛选阅读材料，尽量记录文章或段落的主要思想；明确阅读材料的写作目的，明确文章的写作目的，有助于阅读者更为有效地记录笔记并节省阅读时间。

可以通过以下几个方法来判断阅读材料大意：阅读材料的标题、摘要或前言；阅读材料的开始段落；略读文章，明确文章的组织方式；预测文章的写作目的；明确信息的组织方式。

一般来讲，阅读材料中的信息都是按照逻辑顺序进行组织的。因此，记录阅读笔记时，阅读者也应该遵循一定的逻辑顺序，包括文章的主题思想、事件的主要阶段或过程的主要步骤、从最重要的信息点到最次要的信息点、从简单的思想到复杂的思想、从主旨思想到具体思想、提出问题及解决问题的方法、事件的起因及结果等。

此外，阅读者最好用自己的语言进行记录，并且笔记中的各项信息需要彼此联系。

二、阅读学习中的认知策略

阅读认知策略是指阅读过程中，阅读者如何处理阅读材料，或针对某一具体阅读任务所采取的具体阅读方法。事实上，阅读是一个积极思考、主动理解的过程，而不是一个简单的消极、被动地接收信息的过程。阅读时，文字本身并不会产生任何意义，只有当读者与阅读材料进行交流时，才会产生意义。因此，好的阅读者在阅读文章的同时，会结合有效的策略来处理阅读材料，以确保最大限度地理解文章。好的阅读者应该学会运用如下认知策略：确定阅读目的；预测文章内容；检测所做预测是否准确；略读文章，获取文章大意；寻读文章，获取重要具体信息；区分文章大意和具体细节；对文章进行提问；联系文章和背景信息；总结文章信息；做出推理；连接文章各个部分；注意文章结构；重读文章；利用语境猜测词义；利用信号词辨别词句关系；检测理解是否正确；辨别文章难点；采取措施，纠正错误理解。

下面笔者就这两种重要的阅读认知策略做详细的介绍。

（一）预测

在阅读过程中，阅读者往往会利用文章的标题、图表、事例和文中的具体细节等进行预测。具体来说，阅读者在对文章进行预测时，要经历如下步骤：激活头脑中已有的相关背景知识；对文章做出预测；阅读文章；思考文章字面含义并对相关信息进行推理；验证或修改先前所做出的预测。

阅读者做出的预测未必都是正确的，然而，做出错误的预测也是阅读理解中重要的一部分。无论预测正确与否，阅读者的思维都会更加靠近文章的主题。如果能够证实所做的预测是正确或基本正确的，那么阅读者通常可以快速读过下文；若预测不正确，则需要调整、修正自己的思路，要特别地注意进行精读。由于文章体裁不同，阅读者预测的内容也会存在差别。

（二）了解文章的组织结构

1. 归纳和确定主题思想

主题思想是作者在材料中要表达的核心内容、主要观点或贯穿材料始终要说明的问题，它往往反映了作者的写作意图。对阅读材料的理解首先是对材料主题思想的理解，确定阅读材料的主题思想是正确理解材料的关键。在阅读理解的过程中，问题设计者主要会针对文章的主题、中心思想、适用标题或写作目的进行提问，这就要求阅读者具有总结、概括和归纳的能力。

文章的主题思想通常出现在文章的开头，有时也会出现在文章的中间或结尾。有时，文章的大意不会直接出现在文章中，阅读者必须自己进行总结和归纳。

2. 辨别与理解指示代词

在阅读过程中，对于阅读者来说，把结构上彼此独立的句子连接起来，以理解文章的意义尤为重要。这需要阅读者利用一些指代上文曾经出现过的或者即将在下文中出现的指示代词。事实上，所有的语言中，无论是书面语言还是口语，都存在利用指示代词指代人物和事物的现象。不能正确地理解指示代词从而可能会导致对文章的误解。

3. 区分概括性话语和具体细节

在阅读过程中，学会区分概括性语句和具体细节也很重要。

4. 进行推理

进行推理是一项重要的阅读策略，要求阅读者利用背景信息推测作者隐含的意思。这是一个连接阅读者已知知识和文章信息的过程。

三、阅读学习中的社交 / 情感策略

阅读学习中的社交 / 情感策略是指阅读者利用他人的帮助来辅助阅读以及运用自我情感控制来帮助阅读的策略。阅读过程中，影响阅读效果的一个重要因素就是阅读者的心理状态，如兴奋、自信或是恐惧、焦虑等。在阅读过程中，阅读者遇到困难和障碍是不可避免的，克服困难和障碍的关键是力求把自己的情绪调试到最佳状态。

影响阅读者情感状态的因素主要涉及以下几个方面。

阅读者对阅读材料的语言本身所持的态度和兴趣。这决定了阅读者对所学内容是否具有积极的态度和情感。

阅读者的阅读欲望。它决定了阅读者对英语阅读的态度，也会影响阅读过程中的策略选择。

阅读者在阅读过程中的焦虑程度，它是指阅读者由于不能达到预期的阅读目标或不能克服阅读过程中的障碍，使自尊心与自信心受挫，或使失败感和内疚感增加而形

成的紧张不安，带有恐惧感的情绪状态。

一般情况下，阅读者的焦虑水平在很大程度上决定了他们在面对阅读障碍时的心理状态。许多学生习惯于阅读短篇材料，而面对篇幅稍长的材料则缺乏耐心，常表现出烦躁不安、无信心和缺乏毅力等现象，尤其当文章内容涉及自然科学和文化历史等题材时，他们的不耐烦情绪就更为明显。

第二节　安德森的八种阅读教学策略

正如目前二语教学中理论研究与教学实践相脱节一样，二语阅读的理论研究与课堂教学实践也没有很好地结合起来。安德森（Anderson）和纳托尔（Nuttall）等人都对此做出了有效尝试，并形成了自己的理论，鉴于纳托尔更侧重阅读技巧的研究，并且其策略理论与安德森有很多共同的部分，在这里笔者专注于研究安德森的理论，当然在其中我们也可以看到其他专家学者包括纳托尔的独到见解。安德森在其《第二语言阅读探索:问题与策略》[①] 一书中既介绍了专业人士关于阅读的一些共识，也介绍了其本人及其他二语教育实践者在教学中遇到的问题、采取的策略以及他们的体会和建议。作者根据理论知识和自己的实际教学经验总结、归纳出八种第二语言阅读教学策略：策略一，激活背景知识；策略二，扩充词汇知识；策略三，传授阅读技巧；策略四，提高阅读速度；策略五，验证阅读策略；策略六，评估学习效果；策略七，提高阅读动机；策略八，备选合适材料。

这八种策略中，前六种的英语名称的第一个字母分别是 A、C、T、I、V、E，这六个字母正好组成 active。它不仅帮助理解阅读教学思想的核心内容，概括了其理论的精髓，而且能够时刻提醒读者，阅读是一个积极、主动的过程，而不是被动地接受知识和信息的过程。通过探讨这八种策略，教师反思自己掌握的理论知识和教学经验，从而在教学中形成自己的阅读思想和策略。

一、激活背景知识

阅读的过程实际上就是读者把书本上的文字所代表的知识与读者已有的知识联系起来的过程。不利用已有的知识，阅读是难以完成的。

已有的知识可以分为两种：

一是常识，即一般读者都了解的知识。我们在阅读时都利用了这些知识，只是我

---

① 安德森 . 第二语言阅读探索 问题与策略 [M]. 北京师范大学“认知神经科学与学习”国家重点实验室脑与第二语言学习研究中心，译 . 北京：外语教学与研究出版社，2009.07.

们并没有意识到。例如："Mary had a traffic accident.She was hospitalized." 读到这两句话，一般读者都会得出这样的结论：玛丽住院肯定是因为在交通事故中受伤了。但原文并没有说玛丽受伤的事实。之所以能得出上面的结论，主要是因为把自己的已有知识"交通事故往往使人受伤""受伤可能要住院治疗"与上面两句话提供的知识"玛丽发生了交通事故""玛丽住院了"联系起来了。

二是背景知识，指我们对一些具体事物的熟悉程度。如果阅读的内容是我们并不熟悉或根本不了解的事物，那么我们的语言水平再高也是无法读懂的。

英语学习者如何从文章中获取最大信息，是英语教师必须要发展的教学策略。教师必须设计课堂活动来激活阅读主体的背景知识。背景知识也被称作图式。背景知识在阅读中的作用是毋庸置疑的。

二、养成良好的阅读习惯，积极主动地将已有知识与文本知识联系起来

读者的背景知识会影响阅读理解技能。背景知识包括读者应用到文本中的经验，即生活经验、教育经历、文本组织的修辞知识、母语及二语知识、文化背景知识等。激活文本组织的背景知识可以促进阅读理解。如果阅读者了解了某个文本是以因果关系方式组织的，这些知识就会帮助理解这种类型的文本；了解议论文是怎样展开的可以使熟悉这个文本类型的阅读者更有效地阅读。背景知识激活对于阅读理解过程非常重要。埃斯基（Eskey）认为，"阅读理解是由个体的需要和目的来引导与控制的，主要取决于个体的背景知识"。

对二语阅读研究者的大量研究表明，背景知识的激活会促进阅读理解及阅读技巧。大量数据表明，"阅读前通过活动激活图式对阅读极为有利"。背景知识会影响阅读理解，这表明文本的意义不只是在文字表面上，读者会在阅读时融入个人的见识理解。卡雷尔（Carrell）和艾斯特霍尔德（Eisterhold）指出"读者在阅读过程中不能激活适合的图式会导致不同程度地对文本的理解失败"。因此，激活背景知识可以增进阅读理解。同时，有关文本组织结构的研究表明，读者的文本组织知识也会影响阅读理解。卡雷尔和康纳（Connor，1991）的研究检查了二语学习者阅读不同文体包括说明文、议论文和记叙文的能力。

三、通过提问、预测等方式，逐步培养学生自主激活背景知识的能力

麦克尼尔（McNeil）建议，背景知识激活可以从以下几个方面着手，即设立目标、提出问题、做出预测。

预测训练中教师要鼓励学生利用上下文和构词法进行预测。预测是阅读过程的重要一环。阅读不是被动地接收和理解信息的过程，而是不断地预测、验证与修正，以及进一步预测的循环过程。如果读者能够对文本内容做出预测，他们在阅读时就可以有依据地对他们的预测进行佐证或者反驳，在阅读中及阅读完成后验证阅读前所做的预测是否在文本中得以实现。

预测是指在理解已知信息的基础上，对可能出现的信息（下文）做出大致的推测。预测是阅读者理解文章意义、进行推理的第一步。阅读时人们往往都自觉或不自觉地进行或多或少的预测。阅读者对特定主题的阅读渴求与愿望是阅读理解过程中的一个重要因素，阅读者越渴望阅读文章，越渴望预测下文内容，就越容易掌握文章的主旨。当然，在实际阅读过程中，预测过程是不会这么明显的，而且预测所花的时间也是非常短暂的。实际上，对于熟练掌握了这一技巧的人或有经验的读者，阅读时预测阶段往往融于理解阶段，与其几乎是同步进行的。

通常，我们可以采取如下策略来进行预测。

（一）通过标题和主题句来进行预测

通常情况下，阅读者往往可以根据意义指向较为明显的标题和阅读材料的主题句来预测下文的内容。这一策略有助于阅读者在阅读文章之前，进行初步的自我提问，并在阅读过程中，怀有找到问题答案的期望，这在很大程度上会促进阅读理解的进程与效果。

（二）结合背景知识进行预测

有些情况下，与文章主题相关的背景知识也可以帮助阅读者预测文章内容，加深对文章的理解。例如，当读到一篇以“Only One Earth”为题的文章时，阅读者往往可以猜测出这篇文章的主题应该是关于环境污染或者是环境保护的，接着就可以结合自己这方面的已有知识，为更好地阅读文章做准备。

（三）通过信号词和连接上下文的承接手段进行预测

信号词是指连接文中上下句的词汇。这些词汇往往表示句子间的关系，有助于阅读者把握各细节间的相互关系。因此，在对下文进行预测时，可以利用信号词和一些承接手段，根据前文内容，结合篇章知识，来预测下文的内容。

（四）利用已知线索，预测下文内容

阅读是阅读者频繁做出猜测，并不断肯定或否定已有猜测的过程，这意味着阅读者并非以一成不变的方式阅读文章中所有的语句，而是利用文字和逻辑线索去预测下文的内容。

（五）提供背景知识引导活动

下面几项课堂活动可以用来提供背景知识。一种方法是阅读前的讨论，可以使读者知道自己对某个话题的了解程度，以及与其他人相比的差异程度。讨论可以由教师以提问的形式来进行引导。这种想法是由杜宾（Dubin）和贝齐纳（Bycina）提出的。他们提出“预见性引导”，包括“一系列陈述语句，通常是启发性的，以激发学生与阅读内容相关的知识”。这种活动在教学实践中证明是非常有效果的。学生有时没有意识到自己已经知道的有关某一阅读话题的知识，但当他们听到别人的讲述时，他们的背景知识就会被激活。同时，课前进行有关文本组织结构以及关于文本预测的讨论，对于二语学习者是非常有价值的活动。讨论包括读者认为可能使用的过渡方式、连接词等。

另一种方法是语义映射，它与“头脑风暴”相类似，从阅读材料中提取一个关键词或关键概念给阅读者，让读者说出他们能想到的所有与之相关的词或概念。阅读材料可以以图或表的形式体现。语义映射使学生将已有的知识与新的知识联系起来，帮助阅读者在阅读前储备背景知识。举个例子，如果向一组二语学习者讲授有关艾滋病的阅读材料，可以先进行一个语义映射活动来确定学生现有的背景知识。在黑板中央写下“艾滋病”这个词，让学生说出他们所知道的关于艾滋病的词汇和概念。

有一点值得注意：由于社会、文化、认知水平等方面的差异，学生已有的背景知识可能是片面的甚至是错误的。这种情况下，背景知识也可能妨碍阅读理解。

（六）培养词汇知识

词汇在第二语言阅读理解过程中的作用始终是二语教学的一个重要研究领域。多数研究者认为，学生的词汇量对阅读理解起着关键的作用，词汇量太小是造成阅读理解障碍的主要因素之一。如果一个句子的单词多数都是生词，猜测能力再高的读者恐怕也很难读懂句子的意思。词汇量的大小与阅读技能的高低有明显的相互关系。一般而言，词汇量大的读者阅读的速度和理解的程度要优于词汇量小的读者。许多二语阅读者认为“缺少足够的词汇量是造成文本理解的障碍”。格拉贝（Grabe，1991）强调词汇作为整体阅读能力指标的重要作用。内申斯（Nation，1990）强调“教者和学者对词汇要有一个系统的方法”。他认为，“为了使教学有效果，教师对于如何教授词汇必须有明确的想法。如何教授词汇是教学理念的一部分，需要细心思考和揣摩”。

然而，影响阅读理解的因素绝对不仅仅是词汇量。词汇量很大的读者也不一定阅

读能力就很强。这里有一个问题值得探讨，即词汇量与词汇技能的问题。词汇量即 vocabulary size，它是指一个人掌握的词汇的多少；而词汇技能是 vocabulary skills，它是指一个人运用词汇的能力，比如，识别单词的意思、在说话或写作中选择合适的单词、在语境中猜测单词的意思，等等。词汇量和词汇技能对阅读理解都有重要的影响。我们平时谈得多的是词汇量的多少，而往往忽视词汇技能。就词汇教学而言，教师面临两个关键问题，即“教哪些词汇”和“如何教词汇”。

安德森（Anderson）认为在第二语言教学中，教师应该直接明了地向学生教授那些基本词汇，然后教导学生如何根据上下文去猜测那些使用频率较低的词汇的意思，因为对阅读专业文献的读者来说，专业词汇比普通词汇更容易懂。

这些理论线索很自然地将我们引到课堂实践中来。内申斯（1990）认为，语言教师应“区别直接和间接词汇学习”。通过周密的控制或安排阅读材料中的词汇使学生能够接触目标词汇，在生词自然出现时向学生介绍词汇的意思。也就是说，在阅读的过程中遇到生词时，学习生词的意思。内申斯认为这是词汇学习最常见的方式，把词汇教学与其他教学活动结合起来，比如在读或听的活动之前向学生介绍一些关键词汇；单独的词汇教学活动，比如学习单词拼写规则、构词法或做词汇游戏等。

内申斯（Nation，1990）和科恩（Cohen，1987）归纳了四种具体的词汇教学技巧来帮助二语学习者习得新词汇：机械地背诵；根据上下文猜测词义；记忆帮助法；单词结构分析法。

1. 机械地背诵

有关记忆和重复的研究表明，对采用这种方法的学习者来说，单词卡片会很有帮助。

2. 根据上下文猜测词义

通过语境猜词义是阅读教师最常建议的词汇学习技巧。内申斯（Nation，1990）提出了这种策略具体实施的几个步骤。教师应考虑如何把这些步骤与具体的教学结合起来：判断单词词性，是名词、动词、形容词或其他；分析包含此单词的句子，如果是名词用何形容词修饰，如果是动词与何名词连用；分析与其他句子或段落的关系，连词如“但是”“因为”“如果”“当……时候”，副词如“无论如何”“结果”会表明句子之间的关系，典型的关系包括因果关系、对比关系、包含关系、时间关系、列举关系、总结关系；标点符号也可以作为线索，分号通常表示包含关系，破折号表示重申，指示词如“这个”“那个”“这样的”也会提供一些信息。用前三个步骤的知识猜词检验其猜测是否正确；比照词性与实际是否相符；把单词放入句子，看句子是否有意义；把单词拆开成前缀、词根、后缀，看前缀和词根的意义与猜测是否相符；使用辞典检验。

这些步骤是教师教给学生根据语境猜词的开始。

3. 记忆帮助法

辅助记忆技巧是记忆新单词的常用方法。这种技巧是要读者在头脑中创造一个与单词相关的特殊形象，同时在母语中找到一个发音与之相似的词。内申斯给我们提供了一个例子。一个印度尼西亚的英语学习者学习 parrot 这个单词。印尼语里面有单词“park”，意思是“ditch”（水沟），发音很像英文单词 parrot，学习者创造了一个在水沟中的鹦鹉的形象。创造的形象越不同寻常，学习者越容易回忆起来，也就越容易记住单词。但是，也有很多英语教育研究者认为，这种所谓的记忆帮助法效果并不理想。

4. 单词结构分析

要求学习者学习前缀、词根、后缀，并使用这些知识学习新单词。学习者要应用单词分词方法，这三项技能是必需的：识别单词的组成，让学习者将单词拆成几部分；学习前缀和词根的意义，记住常用的前缀和词根的意义；使用前缀和词根，学习者能够将前缀和词根组合起来构造新词，分析这两部分组合起来的意义如何构成单词的意义，掌握前缀、后缀、词根的意义是猜词的一种策略。

综合以上知识，我们可以通过以下的方法猜测词义。猜测词义是一种非常有用的阅读策略。掌握该策略之后，阅读者在阅读过程中能很快通过上下文的线索或生词本身的结构特点推断出词义，从而提高阅读速度和阅读能力，并增强学习英语的兴趣和信心。猜测词义的策略大体可分为两大类：一类是通过上下文推测词义，另一类是根据生词本身的特点推测词义。通过上下文推测词义是根据一个词所处的具体的语言环境，运用有关线索如同义词、反义词、举例、重述或定义等推测词义，也可以运用逻辑推理和其他知识，如生活经验、普通常识等推断词义。根据生词本身的特点推测词义是指根据构词法知识，如词根和词缀等推测词义。

（1）利用定义或解释说明猜测词义

很多句子中，在生词的附近，往往会出现该词的定义或对该词的解释和说明。这种定义或解释说明类的线索可以帮助我们较为迅速、直接地猜测出句中生词的含义。

（2）利用同义词和反义词猜测词义

有时，阅读者可以利用句中的同义词和反义词来对生词进行词义猜测。

（3）利用同义词猜测词义

在猜测词义的过程中，阅读者往往可以根据语言环境，利用已知词义的同义词或近义词来解释另一个比较难的词，这就为阅读者猜测生词的词义提供了线索。除了已知词义的同义词，有时为了更好地猜测生词的词义，阅读者还可以利用文中的一些信号词。

在进行对比的过程中，作者一般会使用一些互为对应、互为反义的词语，以使不同事物的特点更为突出。通过上下文的逻辑关系，从对两种事物或现象进行对比描述中，阅读者可以根据其中一个熟悉的词推断出另一个生词的词义来。另外，在表示这种对比关系时，作者通常会用一些信号词来表明另一个词语与前面的词语互为反义。

（4）利用列举猜测词义

为了阐明某一种重要观念或者讲清楚某一个抽象概念，作者往往采取举例的方式对这一观点或概念进行具体的说明和解释，从而使阅读者理解得更具体，那么文中的例子自然也就成了阅读者理解文章生词的线索。

（5）利用重述猜测词义

有时作者在阐述某个概念或某一事情时，为了把它讲述得更清楚，可能采取另一种方式重述前面的内容。这种重述往往采用比前面的词更为简单易懂的词语，它们为前面较难的词语提供了猜测的线索。因此，阅读者在阅读的过程中如遇到生词时，不要停顿下来不知所措，不妨看一下该生词后面是否有另一种阐述或解释。

（6）利用因果关系猜测词义

因果关系是一种常见的、行之有效的、能提供生词词义信息的逻辑关系。作者在叙述原因的过程中，一般会把词或句子置于一种因果关系的逻辑之中，这为阅读者推断生词词义提供了很好的线索。

（7）利用生词所在的前后文提供的解释或说明猜测词义

有时作者在阐述某人、某物或某一现象的特点时，先是一般性或概括性地表述一下，然后再做具体的说明或解释；或者先做具体的阐述，然后再进行归纳总结。如果阅读者能抓住作者的思路，就能从具体说明、解释或归纳中找出猜词的线索来。

（8）利用普通常识、生活经验和逻辑推理推测生词词义

①利用普通常识和生活经验推测词义

阅读者有时可以根据自身的直接或间接的经验，或运用已有的常识将生词的意义推测出来。比如，了解一些英美国家的天文地理、风俗习惯、政治结构、社会制度等，可以帮助加深对文章的理解，遇到生词时，猜测词义的能力自然也就增强了。

②利用逻辑推理推测词义

作者在写作时，要把一些分散的、复杂的信息组织在一起，使它们之间有密切的内在联系，使之成为结构严谨、层次分明、形式与内容一致的语言整体。如果阅读者按照上下文，顺着作者的思路，通过询问关系、语境对生词进行合乎逻辑的推断，是可以推测出生词的大概意思的。

③利用构词法前缀、后缀及合成词猜测词义

英语中的前缀、后缀构词颇多，且特定的词缀往往表示特定的含义，把握住这一点，可起到以不变应万变的效果。有时，句子中会出现一些合成词，这些词看似不为阅读者了解，但经过仔细观察，不难发现它们是由我们熟知的一些词组衍生而来的。

例如 break out–outbreak、set out–outset、come in–income。

关于词汇研究的另一个领域是词汇频率表的使用。在日常使用的文本中，约 80% 集中于经常使用的 2000 个单词。教师要思考如何将这些词汇教给学生，使他们能够自动识别这些高频词汇。对于这些高频词汇，教师有必要进行专门的指导，规定学习时间。

另外一个与词汇教学有关的问题就是材料的真实性问题。很多教师担心，真实材料生词太多，不适合作为阅读材料。其实，这种担心是没有必要的，只要教师不要求学生学习真实材料中的所有单词。还有，使用真实材料有利于激发学生的学习动机。再有一个问题就是词汇学习与学习风格的关系。每个学生都有自己的学习风格，所以应该鼓励和引导学生根据自己的学习风格培养词汇学习方法与技巧。

还有一点值得注意：词汇学习绝对不是短期能完成的。词汇学习必须与阅读有机地结合起来，词汇学习应该是阅读的一部分。在阅读中学习词汇，不仅能够学习词汇的意思，而且能够逐步掌握词汇的用法。

（七）传授阅读技巧

目前阅读教学中有一个常见的误区，即很多阅读教学活动的目的是检测学生阅读理解的结果，而不是帮助学生去进行阅读理解。即使设计得再合理，这样的阅读教学活动只能说明学生是否理解了阅读材料的某些内容（而非全部内容）。教师并不清楚学生是如何理解的，或学生为什么不理解。显然，以检测阅读理解结果为主导的阅读活动并不能真正提高学生的阅读技能。阅读技巧是阅读策略实现的必要保障，因此教师必须重视阅读技巧的传授。在讨论阅读技巧之前，安德森首先介绍了与阅读技巧紧密相关的两种心理活动：一种是认知活动，另一种是元认知活动。认知可以定义为思考，则元认知即为对思考的思考。

1. 阅读理解模型及元认知意识在阅读中的角色

在阅读过程中，认知活动就是理解阅读材料所表达的意思的过程，而元认知活动则是对阅读理解过程的监控。很多学生之所以不能正确理解材料的意思，一个重要的原因就是不能监控自己的阅读过程。为了掌握阅读技巧，读者必须监控理解过程，与老师或同学讨论所使用的策略。

意义不仅存在于文本之内。当读者融合了个人的背景知识、阅读目的、阅读策略和文本本身时，意义才开始生成。教师可以通过教学生怎样阅读来促进这个过程。一种方式就是，让读者监控阅读理解过程，从认知角度讲，使读者意识到他们在做什么，从元认知角度讲，让读者讨论如何实现对文本的理解。

对于阅读理解的理论模式研究也会影响对二语学习者的阅读技巧教学。由上至下的阅读模式表明，当读者的背景知识被激活时，可以促进阅读。由下至上的阅读模式表明读者根据字母和单词来构建意义。埃斯基（Eskey，1986）指出，读者（大多数读者）在阅读时，目光由左移至右，先看的是字母，然后是词，之后形成短语、从句、句子。注意排列顺序是由小单位至大单位，因此排列顺序是由下至上。交互式模式认为，优秀的阅读者同时使用这两种模式。格拉贝（Grabe，1991）证明了这一点：阅读是互动性的。阅读者既利用已有的背景知识，同时也利用文本内知识；互动还指多种阅读技巧在阅读过程中的同时使用。

2. 二语标准中的阅读技巧

二语标准由英语教师协会于 1997 年制定。它包括了阅读理解教学的三条标准，涉及阅读技巧和阅读策略。其中标准二规定"学生能通过书面语和口语的形式获得、加工、构建、提供主题信息"。这个标准要求学生具有以下的阅读理解技能：根据主题信息的听、说、读、写；选择、联想、扩展信息；分析、合成、推导信息；假设和预测；设计，提出问题；理解并总结专门词汇和文本特征。

标准三规定："学生使用适当的学习策略构建和应用学术知识。"标准参数包括以下适用于阅读理解教学的策略：运用基本的阅读理解技巧，如略读、扫读、预习、复习；运用语境构建意义；运用自我监控和自我修正策略，并将其应用到学习任务中；运用自我评估。

从总体的角度，阅读的技巧可分为若干类。贝雷特（Bairet，1968）认为，阅读技巧主要有五种：理解字面的意义；能对材料要旨进行重新组织；推理能力；评价；欣赏。戴维斯（Davis，1984）提出的四种阅读技巧包括：识别词义；推理；识别作者的技巧、写作意图和风格；寻找有关答案。贝雷特（Bairet）和戴维斯（Davis）对阅读技巧的理解并不矛盾。显然，所谓阅读技巧，也就是在理解和鉴赏某一阅读材料教程中所需要的一系列手段与方法。这些手段和方法可以通过后天的学习与练习获得。

其他的专家学者从更为细致的角度对阅读技巧进行了阐述，主要的观点如下。

（1）强调微观阅读的阅读技巧

斯普拉特（Spratt，1985）给出了强调微观阅读的阅读技巧，主要包括：识别字母；阅读字母组合以便识别单词；理解标点符号；理解词汇意义；理解句子语法；理解主句与从句之间的关系；体会语篇风格；把握语篇结构；进行推理；阅读较长语篇；浏览要点；扫读相关内容；精读全文。

这一阅读技巧清单列举了从字母到单词，进而到标点符号，再到词组、单句等基本语言单位的识别和理解技巧，反映了重视提升学生微观阅读能力、注重基本功的上行理论观点。

（2）偏重宏观阅读的阅读技巧

格林伍德（Greenwood，1981）给出了偏重宏观阅读的阅读技巧，主要包括：预测形势和内容；掌握要点；识别并回忆细节；注意要点与其展开内容之间的关系；掌握发展线索，如事件、指令、论证步骤等；以语篇内容为基础进行推理；得出结论；明确作者的写作意图和基本立场。

这一阅读技巧清单强调的主要是宏观阅读技巧，如第一条要求的是读者对阅读材料内容的预测，第二条要求的是对阅读材料内容的整体把握。这些阅读技巧反映了充分重视利用阅读者已有的知识，鼓励阅读者积极主动地去理解阅读材料内容的意思，这些观点表现的是下行理论。

（3）综合性技巧

蒙比（Munby，1978）给出了倾向于互动互补理论的阅读技巧，主要包括：识别文字形态；推断生词的意义和用法；理解显性信息；理解隐性信息；理解概念意义；理解语句的交际意义；理解句子内部的联系；通过词汇的内在联系理解语篇各个部分之间的关系；通过语法的内在联系理解语篇各个部分之间的关系；超越语篇自身以便更好地去理解语篇；掌握语篇中的指示词；掌握要点或重要信息；区分要点与支撑要点的具体内容；概括重点；从语篇中提取相关内容；基本的推理技巧；浏览要点；扫读相关内容；将语篇信息图示化。

在二语标准“运用基本的阅读理解技巧”中，略读又称跳读或浏览，是指以尽可能快的速度进行阅读，迅速获取文章大意或中心思想。事实上，略读要求阅读者进行选择性阅读，阅读者不必逐字逐句进行阅读，而是用双眼迅速扫读文章，以意群为单位进行阅读。读者可以有选择地阅读几个主要的句子，注意某些重要的词汇和词组，获取一些主要信息，略过一些次要信息和细节。例如，一些不影响文章大意理解的词句，甚至是段落。与此同时，阅读者还应该确定文章的结构和作者的语气。这一策略的作用在于使阅读者不必仔细阅读全文，就能快速抓住文章的梗概，此外，还可以测试阅读者在阅读文章中一些句子的情况下，对文章的掌握程度，并进行相应的训练，从而提高阅读效率。略读的训练可以通过以下几种方式实现：在阅读过程中找出关键词，猜读周围的材料，以求抓住文章的梗概，概括文章大意。教师训练学生时可采取三个步骤：通读文章的起始段和结尾段；细读其他段落的主题句；浏览一些与主题句相关的信息词。

在运用这一策略时，阅读者应该注意如下几点：首先，判断文章属于何种题材，涉及了什么内容；阅读文章第一段，抓住主要情节或论点，以便为下文的略读做一定准备和铺垫；在阅读下文的过程中，通常只读每段的头两句话和最后两句话，便可了解文章的大意和线索；快速阅读文章，寻找字面上或事实上的主要信息和少量的阐述信息；根据文章的难易程度和所要达到的目的，不断灵活地调整阅读速度；如果文章的最后一段看似总结和结论，应细致地对该段进行阅读。

扫读是一种快速寻找某些特殊信息的阅读方法，即要求阅读者带着问题去寻找答案。成熟的阅读者善于运用寻读获得具体信息，以提高阅读效率。这种方法要求阅读者把需要回答的问题记在心中，带着问题，有目的地从材料中迅速查找某一项具体事实或特定信息，如人物、事件、时间、地点、数字等，而对其他无关部分则略去不读。扫读的训练，即从较长的文字资料中查寻特定的细节内容，就是用眼扫视，以最快的速度从一篇文章中披沙拣金，很快地找出期望得到的某些细节，扫读的特点是既快又准。扫读的目的非常明确，即找到所需要的信息。信息一旦被找到，扫读即宣告结束。扫读时，应该首先浏览文章的各个问题及其选项，这既有助于尽快略知全文的梗概，又有助于带着问题有目的地阅读，避免在与问题无关的词语和细节上浪费时间和精力。例如，在车站寻找某次列车或汽车的运行时刻，在机场寻找某次班机的飞行时刻，在图书馆查找书刊的目录，在文献中查找某一日期、名字、数字或号码等，都可以运用这种方法。

虽然上面没有使用“元认知”这个词，但其中很多是元认知活动：选择，联想，解释；设计和提出问题；自我监控和自我修正策略；在完整的学习任务中评估自我成就。

与此相关的阅读技巧是关键词阅读和意群阅读。关键词阅读是指略过非实质词语只阅读句子的核心部分及某些修饰核心部分的形容词和副词的阅读技巧。它通常用于快速了解文章大意和主要细节，由于省去了很多非关键词，阅读速度快了许多，但同时理解的准确度也受到了影响（通常在 50%~70%）。

在利用关键词回答阅读理解的相关问题时，可以使用以下方法：先在文中找到问句中的关键词及短语的相应位置；仔细读关键词语所在的句子，很多情况下即可找到相关问题的答案；如果根据关键词语所在的句子无法确定问题的答案，阅读者也可再接着读后面的一个至两个句子，这样就可以基本确定问题的答案了。

意群阅读是指有意义的语法结构。在阅读过程中，孤立的单个词本身是不会产生任何意义的，只有与其他词联系起来，才能产生一定的意义。构成一定意义的这一组词，就是意群。“意群阅读法”也就是按词组、短语在文中的组合意义整体阅读，而不是单个的词汇阅读。阅读时只以意群为单位，而不是以词为单位来理解吸收，才能提高速度和效率。意群的划分一般以语法单位为标准，即主语部分、谓语部分、状语部分和补语部分，若各部分较长，可进一步分为中心词与修饰语，以及修饰语中更小的意义单元（如介词短语）等。

3. 精读和泛读

阅读技巧教学涉及另一个问题，即精读与泛读的关系。以往对精读与泛读的区别的认识是：精读篇幅短，泛读篇幅长；精读的主要目的是学习语言知识，而泛读的目的是训练阅读技能和扩大知识面；精读主要在课内，泛读主要在课外。这些认识都有一定的道理，但也存在误区。首先，精读和泛读的首要任务都是培养阅读技能。其次，二者都可能在课内或课外。还有一点经常被忽视，即如何使学生把精读课训练的阅读技能应用到泛读中。安德森（Anderson）认为能力强的学生往往能够把精读课培养的阅读技能运用到泛读中。

具体来说，精读指最大限度地利用文本培养阅读技巧。活动的中心是教给学生如何将阅读策略和技巧转化为自身的技能，即使不在课堂内没有老师的指导也能自由运用。埃伯索尔德（Aebersold）和菲尔德（Field，1997）认为精读将文本本身作为目的和结果，即精读本身就是目的，它与下面对泛读的概括是完全不同的。泛读指通过阅读大量的文本，实现一般理解。通常泛读与其他活动结合在一起，阅读只是学习者活动的一部分。举例来说，阅读者可以阅读大量的文本，然后写一篇论文，将关于这一题目的不同观点进行比较和对比。他们也可以将他们所读的内容做成演讲，说服别人同意他的立场。埃伯索尔德（Aebersold）和菲尔德（Field）认为泛读是达到目的的一种手段。

戴（Day）和班福德（Bamfold，1998）描述了成功的泛读的十个特征。如果这十个特征包含在阅读者的阅读计划中，阅读者就会在阅读技能发展上取得很大进步。无论是在课内还是课外都需要进行大量阅读；阅读材料多样，题材广泛，使用不同方式促进阅读；自由选择感兴趣的阅读材料；阅读的目的是获得愉悦，获取信息，达到一般理解，这是由材料的性质和读者的感兴趣程度决定的；阅读本身就是一种回报，阅读之后不附练习；阅读材料无论是词汇还是语法，都是在读者的语言能力之内，阅读时少查词典，因为这样会阻碍阅读；阅读是个体性行为，读者自己选择节奏、时间和地点；如果阅读材料容易理解，就需要加快阅读速度；教师引导学生实现阅读计划目标，解释方法，记录学生的阅读过程，引导学生实现效用最大化；教师是范例，教师是课堂阅读活动的积极参与者，向学生展示如何成为合格的阅读者；较之精读，成功的阅读者会做大量的泛读，但要成为成功的阅读者，必须首先通过精读培养阅读策略和技能，然后运用到泛读中，因此教师必须设计精读和泛读的比重，考虑学生是否有机会运用这两种阅读方法。

4. 以内容为基础的语言教学

以内容为基础的语言教学（CBI）使读者由精读转向泛读。CBI 认为二语学习本身不是目的和结果，学习语言是为了用语言去做事情，如学习其他知识——社会科学知识、生物知识、计算机科学、数学等。因此，在 CBI 中，阅读材料往往是那些带有一定学科知识内容的材料。因此，阅读教学不仅能够把语言知识的学习和学科知识的学习结合起来，而且有利于增强学生的学习动机和学习积极性。

基于二语课堂上进行的 CBI 项目，斯托勒（Stoller）和格拉贝（Grabe，1997）提出了进行 CBI 非常有效的方法，称为 6TS：

主题（theme）：课程计划中各单元的安排。

文本（text）：语言教学使用的材料。

话题（topics）：对内容划分的小块单元，可以对主题挖掘进行语言教学。

线索（threads）：课程中不同主题之间的联系。

任务（tasks）：讲授语言和内容的指导活动。

过渡（transitions）：课程中话题转移或主题转移的机制。

纳特（Nuttau，2003）在其书中“制订泛读计划”中谈到跨学科二语阅读，包括选择其他科目文本，进行阅读学习引导，以及 SQ3R 技巧（survey、question、read、recite、review）。跨学科阅读与这里所说的内容阅读实质上意义一致，也可以延伸为我们现在所说的专门用途英语（ESP）。

传授阅读技巧应用的课堂活动包括监控理解、设计问题、概括总结、识别过渡、理解阅读、整合技巧六个方面，以下内容是对这六个方面的具体讲解。

活动之一，让读者监控阅读理解过程。阅读理解的监控对于成功的阅读至关重要。监控过程包括检验预测是否正确及读者能否在意义不相符时做出调整。

活动之二，让读者自己设计问题。这个活动可以通过几个方式完成。读者可以就材料进行提问，寻求老师或同学解释。这样读者就可以知道自己哪些地方不懂，通过寻找帮助来解决问题。

活动之三，让读者总结整个文章或某一段落。这样读者必须区分文本中的哪些信息比较重要，如主题、论据、细节。一个好的总结可以看出读者对重要程度的区分，能够合理地安排重点。训练学生掌握阅读材料的主旨大意是一项有益的活动。阅读是一个包含多方面内容的复杂过程。在这一过程中理解整篇文章的内容比掌握词和句子这些语言形式更为重要。因此，教师应该有意识地培养学生有效地理解整篇文章所传递的信息，而不是只教会学生如何使用某些词句结构和用法。大部分学生在进入高校前没有受过这方面的系统训练，他们在阅读中往往把主要精力集中在单词和个别句子的理解上，常常读完一篇文章后仍不知道本文的内容，因此教师要加强训练学生寻找文章主旨大意的能力。

活动之四，找出阅读中使用的过渡词。

活动之五，就阅读理解提问，让学生回答。在说明答案的过程中，他们同时解释了为什么会有这样的答案产生。同时可以组织学生讨论。阅读是一个复杂的过程，阅读中经常要有猜测、预测等积极的思考活动。讨论不仅提高使交流技能，也能提高思维水平。在讨论中，学生表达各自不同的观点，形成不同，甚至相反的理解。讨论的意义不仅仅是听到不同的观点和获取不同的信息，更重要的是在听的过程中在自己脑中形成新的理解，产生更高水平的认识。教师应设计好讨论题，内容既可以是文章本身的难点或疑点，又可以是引申的话题；讨论形式可以是全班讨论，也可以是小组讨论，有些问题还可以组织辩论。

活动之六，思考激活背景知识、培养词汇技能、传授阅读技巧三者之间的关系。提供给学生一个段落标题，让学生预测将要读的内容并列出可能的词汇。讨论这个文本会如何组织，会使用哪些过渡词。略读首段、尾段及中间段落的首句。将活动暂停进行提问，检验之前做的预测是否需要调整。最后通读全文。

四、提高阅读速度

我们经常看到，第二语言学习者在阅读时，一边读一边用铅笔在书上来回移动，似乎生怕漏了一个单词。表面上看，这种阅读方式十分细致。其实，这不仅会大大降低阅读速度，而且不利于完成阅读理解的效果。这是因为，人们在阅读时，眼睛并不是做不间断的线性移动，而是跳跃式地移动。显然，这种跳跃式地移动与铅笔在书本上的线形移动方式是不吻合的。所以，用铅笔在书本上来回移动对阅读没有任何帮助。

很多第二语言学习者抱怨自己的阅读速度太慢。其实，阅读速度慢的学生并不是语言水平低或者阅读理解能力差，而是主观上不愿意读得更快一些。有的人一边读一边翻译，有的人一边读一边分析句子的语法结构，有的人一边读一边关注文章中的重要语言现象（如单词、短语和固定用法等），有的人一边读一边查字典，还有的人则力求读懂每一个单词的意思。纳托尔（Nuttall，1996）描述了“不成功阅读者的恶性循环”。阅读速度慢的读者因为不理解所读内容需要放慢速度，但速度放慢，他们读不到乐趣。因此，他们很少阅读。而阅读量越少，阅读技能提高得就越慢。所以，阅读速度过慢，会使阅读训练陷入恶性循环。通过提高阅读速度，阅读者可以进入“成功阅读者的良性循环”。阅读速度提高，读者就愿意读得更多，阅读量扩大，阅读理解能力也就会随之提高。

增加阅读速度能够提高学生对阅读技巧的认知能力，强调阅读速度在二语阅读教学中的作用并不是要读者速读，而是让他们的阅读速度达到一定的标准，使读者能够流畅自如地进行阅读，顺利地完成阅读任务。

（一）阅读速度研究

二语阅读速度这个领域的研究成果并不是很丰富。塞加洛维茨（Segalowitz）、鲍尔森（Poulsen）和科莫达（Komoda，1991）的研究表明，双语能力较强的阅读者，其阅读速度为30%或比母语速度稍低。韦伯（Weber，1991）的研究也支持这种观点。普通二语阅读者在阅读能力方面要低于说母语的人。阅读速度缓慢构成了阅读者学习阅读材料的障碍。詹森（Jensen，1986）研究表明，即使在学习了阅读之后，许多高级学习者的阅读速度仍是每分钟100个单词或者更少。库欣·维格尔（Cushing

Weigle）和詹森（Jensen，1996）报告了一个在 UCLA 进行的阅读速度培养的研究。阅读速度指导包含在 UCLA 国际学生学术技能课程当中。这些高级阅读者开始时的阅读速度是每分钟 184 个单词。在九周的定期指导后，学生的阅读速度每分钟提高了 100 个单词，有的甚至达到 400 个单词，这是为数不多的对于阅读速度在二语阅读中重要性的实证研究。

（二）最佳阅读速度

有的人认为，读得太快就不能理解文章的意思。只有逐字逐句地阅读，才能保证阅读理解的正确性，其实这种认识是没有依据的。Grabe（1991）的研究表明，流畅的阅读是需要速度的；读者需要一定的速度来保持信息流从而进行推导和判断，这对理解来说是非常重要的。这就是说，如果读得太慢，人们就很难把前后信息联系起来，因而给阅读理解带来障碍。

关于最佳阅读速度并没有达成一致。权威人士认为为 180 个单词，也许是成熟的阅读与不成熟的阅读之间的分界点，低于这个速度的阅读就会影响有效阅读及阅读乐趣。杜宾（Dubin）和贝齐纳（Bycina，1991）认为，“每分钟 200 个单词应该是绝对最低值，否则无法达到完全理解”。Jensen（1986）认为：“最佳阅读速度应设法接近母语者的阅读速度及理解水平。”她认为每分钟 300 个单词为最佳阅读速度。纳托尔（Nuttall，1982）也支持这一观点，他认为“对于普通教育程度的母语者来说，每分钟 300 个单词是最佳阅读速度。母语者之间也存在很大差距，上至每分钟 800 个单词，下至每分钟 140 个单词，这都是很常见的”。

卡弗（Carver，1990）指出了五个阅读过程，每一个过程都对应一个阅读速度。他认为每分钟 300 个单词可以实现有效阅读。如果阅读速度低于或高于这个速度，阅读就不是在读，而是在扫读、略读、学习或记忆材料。

“Rauding”是卡弗（Carver）开创出来的词，意思是“在读（reading）或听（auding）的过程中理解或近乎理解邻近句子的意义；理解 75% 或以上文章的完整思想”。

（三）提高阅读速度的课堂活动

20 世纪六七十年代，阅读速度教学法技巧研究方兴未艾。海尔斯（Hairis，1966）在“二语学习者阅读提高练习”中提供了练习活动，包括单词识别、词汇构建、计时阅读选材、略读和扫读的练习。学生根据指导可以快速地阅读文章。

纳特（Nuttau，2003）在提高阅读速度中，提出按照意群进行阅读，并且选择文本进行速度练习，文本应具有深度性、可读性、多样性、真实性，同时提出了提高阅读速度的方法，如卡片、投影文本、计算机及其他工具。意群是指有意义的语法结构。在阅读过程中，孤立的单个词本身是不会产生任何意义的，只有与其他词联系起来，才能构成一定的意义。构成一定意义的这一组词，就是意群。“意群阅读法”也就是按词组、短语在文中的组合意义整体阅读，而不是单个的词汇阅读。阅读时只以意群为单位，而不是以词为单位来理解吸收，才能提高速度。意群的划分一般以语法单位为标准，即主语部分、谓语部分、状语部分和补语部分，若各部分较长，可进一步分为中心词与修饰语，以及修饰语中更小的意义单元（如介词短语）等。

五、验证阅读策略

（一）策略定义

策略被定义为“学习者选择并且控制以达到既定目标的有目的的行为”。这个定义低估了读者在策略性阅读中的积极作用。学生需要知道如何运用阅读策略来达到既定的目标。盖默（Gamer）、麦克雷迪（Macready）和瓦戈纳（Wagoner，1984）指出，“策略是一系列活动，而不只是单独的某个活动，学习者可能掌握了其中的某些，但不一定是所有的”。

研究表明，教给读者如何使用阅读策略是课堂上的首要任务。盖默（Gamer，1982）强调不成熟的阅读者如果想要把策略训练成功，必须进行有指导的练习。在教给二语阅读者策略的同时，还要教给他们如何确定这些策略的使用是成功的。为了帮助学生学会检验阅读策略使用情况，教师可以和学生一起讨论以下几个问题（以某个具体策略为例）：这个策略是什么？为什么要学会使用这个策略？如何使用这个策略？在什么时候、什么情况下学习这个策略？如何评价这一策略的使用情况和使用效果？

（二）口头报告

在实际教学中，帮助学生学会检测自己策略使用情况的最佳方式是口头报告，有时也叫“有声思维”。口头报告也可以用作教师检验读者阅读活动的工具。口头报告即读者在完成给定阅读任务时将思想过程通过口头表达出来的形式。比如教师打断学生的阅读活动（包括回答阅读理解的问题），问他当时正在进行什么样的思维活动。读者可以聆听其他阅读同一材料的读者的口头报告（的录音），从中会得到很大的收益。科恩（Cohen，1990）认为，当读者检验他们所使用的阅读策略时，他们会更清楚“可用选择”，从而改善阅读。

（三）元认知意识

大多数语言教师进行阅读策略训练时，只是向学生介绍阅读策略及如何使用。至于学生在阅读中是否真正使用了阅读策略，效果如何，往往被忽视。在实际教学中有声思维是帮助学生监控策略使用的有效方法。同时，元认知策略的作用得到凸显。

元认知作为一个科学概念，是由美国著名心理学家弗拉威尔（Flaveli，1976）首先提出的。弗拉威尔认为，“元认知是指主体对自身认知活动的认知，它包括对自我的认知能力（静态）和当前正在发生的认知过程（动态）的认知，以及两者相互作用的认知”。他认为，关于认知的认知由三部分组成：个体差异，即个体对自身及他人思维的认知；任务差异，即不同的任务产生不同的认知需求；策略差异，即运用认知策略和元认知策略来提高学习效率的区别。

元认知理论的另一重要组成部分是自我调节。自我调节是一种使个体随着时间和环境的变化而引导自己的目标定向的内部机制。调节意味着个体能精细地、自动地使用特定的机制和支持性的元认知策略调整自己的思想、情感、行为和注意力。当规律性的活动或目标方向受阻或受影响（如挑战、相关性的行为模式失败等）时，自我调节机制就会启动。它包括五个相互联系的重复阶段：目标选择；目标认识；方向维持；方向的改变或修正；目标终止。研究表明，元认知能力的强弱直接影响着个体认知能力的发挥。缺乏元认知策略是学习困难者的特征之一。对学习困难者应教授各种各样的策略及自我调节策略以弥补元认知成分的不足。元认知与认知自动化有着密切的相关性。当低水平的认知策略已成为自动化时，学习者更倾向运用元认知性的思维。一旦策略成为联想机制，即可以毫无意识地自动运作时，学习者就有更多的精力思考元认知并创造性地进行学习。

熟练的阅读者是有策略、有意识、建构性地去一步步理解他们正在阅读的内容，并主动组织他们的认知资源来达到最大限度的理解的。在阅读过程中，阅读者会按照篇章信息积极主动地建立、检验和修正假设，利用先前知识来建构文本意义。这一过程需要阅读者的监控、调整、修改、评价和总结等各种心理活动不断参与。由此可见，元认知在第二语言阅读理解过程中起着重要作用。与阅读活动相关的元认知应包括两个方面：元认知的知识和对元认知的监控。与阅读活动相关的元认知知识包括四个主要变量。这四个主要变量包括：材料——影响理解和记忆的阅读材料的特征。阅读者需要熟悉各种不同的篇章结构，并根据不同的结构特征来进行有效的阅读。任务——学习者在阅读中通常会遇到不同阅读任务和不同阅读目标的要求。阅读者要学会根据不同的阅读任务来调整阅读行为。学会进行选择性阅读，分清主次，从而来调节分配自己的策略知识。策略——学习者为理解和记忆材料中的信息而进行的相关活动。一个高效的阅读者知道在何时、何种情况下恰当地使用何种策略。学习者特征——影响阅读结果的个人因素，包括能力、动机等。阅读者要了解自己的阅读特征，并根据这些特征相应地调整阅读行为。元认知监控包括计划、监控、评价三个方面。计划是选择相应的阅读理解策略以达到阅读理解的目的，并合理地安排认知资源和时间，制订学习计划的过程，包括设置学习目标、浏览学习材料、形成待回答的问题以及分析如何完成学习任务等。监控是在阅读中对自己的思维活动进行监控和调整以达到预定目标。指导监控调节策略会增长元认知体验，丰富元认知知识。评价是对阅读材料的特点以及个人的理解能力做出分析。在完成阅读材料的学习任务后，一个好的学习者会反思阅读任务的完成过程，而这个行为使阅读者明确计划进行的情况及检查学习策略如何在阅读中起作用。具备元认知能力的学生能对他们阅读前所设置的目标是否完成做出评价。如果没有达到预期效果，便寻找原因以便在下次阅读过程中做出相应的调整，以期取得阅读的预期目标。

在教授阅读课时，不应只着眼于对字词和结构的理解，更要重视元认知意识的作用，有效地促进阅读理解，达到培养学生自主独立的阅读能力，使其最终成为具有独创性、策略性思维的阅读者。

六、评估学习效果

很多学生在进行阅读训练的过程中，总是觉得自己并没有取得明显的进步。其实，只要经过有效地阅读训练，每个人的阅读技能（包括阅读速度和理解程度）都会提高。但是如果不采用具体的记录和评估方式，则很难判断阅读方面取得的进步。

及时有效地评估学习效果对教师和学生都有益处。教师了解学生的进步与不足后，可以调整教学计划，进一步明确教学的重点。学生了解自己的进步和不足后，可以调整自己努力的方向。学生看到自己的成就会进一步激发学习动机。

（一）记录效果

对阅读的评估应从两个方面进行：宏观和微观。且教师可以应用阅读效果评估记录学生的进步。记录阅读进展可以成为激励学生继续提高的有效工具。斯托勒（Stoller，1986）指出，绘制阅读进展图能够促进阅读的提高，“是教师职责的一个重要方面”。

从正式和非正式两方面评估阅读的提高是教师和阅读材料设计者共同关心的课题。正式的评估指教师通过各种途径对学生的阅读情况所做的记录，包括阅读量、阅读速度、阅读理解程度以及测试成绩等。非正式的评估可以包括教师对学生的观察以及学生自己的反思等。

定量和定性的评估活动都可以包括在阅读授课计划中。定量评估活动包括测试中的信息，课上的阅读测验和期末考试。定性分析包括学生对于问卷的回答、课上阅读任务的表现，以及学生关于阅读认知过程的口头报告。所有这些评估活动都能使教师看到学生阅读能力的近况。如果这两种评估活动能够平衡地加以使用，会对阅读教学产生深刻影响。

（二）阅读日志

定量和定性的评估活动可以通过五个阅读记录步骤来实施。

第一，阅读日志通过记录每天的阅读内容提供给阅读者一种责任机制。鼓励学生在课后每天至少阅读 30 分钟并记录阅读内容。阅读日志在记录了学生每天阅读内容的同时，还记录了他们所用的时间。阅读日志不要求学生对他们关于阅读的理解做细节描述。一些教师还要求学生在日志中总结阅读内容，并且一定提出问题。如果以这种方式，阅读日志完全可以作为阅读理解教学的一个工具。

第二，利用阅读速度记录表来标记阅读速度的进步，还可以根据阅读理解成绩绘制阅读理解程度记录表。这两个表格在学生设定个体目标方面非常有用，在跟踪记录学生的阅读速度和阅读理解效果方面有很大帮助。每周让学生做一个 1000 个单词的定时阅读，然后做 10 个多项选择题。弗赖伊（Fry，1975）注明的段落阅读单词数是 1000，也是安德森（Anderson）所称为的章节阅读。学生用这两个表格记录每周活动的阅读速度和阅读理解成绩。可将学生的成绩收集上来，计算出班级学生平均的阅读速度和成绩，在每周的定时阅读之后发给学生。阅读速度表可以根据阅读材料的长度来调整。举个例子来说，如果斯帕戈（Spargo）和威利斯顿（Willistan，1980）设定的阅读段落长度是 400 个单词，就可以在阅读速度表速度一栏中来反映出这个长度的差别。

第三，阅读速度记录使阅读者可以记录在额外的阅读时间里的阅读速度。这个记录使教师和学生都能对阅读速度进行监控。读者的计算方法是将页数乘以每页的平均单词数，这样就计算出了阅读的总单词量，然后除以所用的时间，即多少分钟，最后得出每分钟内阅读的单词量。阅读速度的计算公式如下：总单词数 / 总时数（秒）× 60（WPM=W × 60/second）。

第四，重复阅读记录是帮助阅读个体设定阅读提高目标并且观察进展的工具。这个记录与重复阅读是紧密相关的。

第五，阅读档案使教师对一段时间的阅读进展以及阅读中的问题有总体把握。

七、提高阅读动机

人们阅读可能有各种各样的目的。但这些目的大致可以分为两类：一种是为了获得信息而阅读，另一种是为了消遣或娱乐而阅读。当然，也可能两种目的兼而有之。如果要使读者产生阅读动机，就必须至少要满足其中一种阅读目的。提高学生阅读动机的方法是多种多样的，关键要了解学生的阅读需求，设计合理的阅读活动。

（一）动机的作用

在阅读过程中，读者对由视觉输入的文字符号进行解码，获取作者传递的信息，解出“谜底”。阅读理解活动是一个能动的、积极的思维过程。心理学家认为，激发这种有目的的行为的心理力量是动力。正是这种内在的驱动力、这种冲动、这种目的性给人以行动的力量，为人指明行动的方向。

达林（Dulin，1978）提出了动机模式，欧文（Irwin，1991）将其总结为：动机=期待回报/期待付出，强调“可以通过增加期待回报或者减少期待付出来增加动机。如果同时采取这两个方法动机将达到最大”。她同时提出了增加期待回报或者减少期待付出的具体建议。

在现实生活中我们通常会为了某一特定目的去阅读一份材料，有时是为了消遣，有时是为了获取某些方面的信息，但在语言课堂上，学生在阅读一篇课文时往往没有太明确的目的。一旦确立了明确的阅读目标，学生便会对所读内容更加关注和感兴趣，他们对阅读材料的理解水平也会有所提高。

（二）材料的选择

阅读动机是选择阅读材料的关键问题。具体地讲，读者要么从阅读材料中获取信息，要么从材料中获得愉悦。而无论是哪一个，读者都期望理解所读材料，达到阅读目的。如果阅读能帮助他们达到目的，他们的阅读动机会更强。当阅读者有了一个目标并为之努力时，他们会取得稳定的持续的进步。因此，在选择阅读材料之前，教师要充分了解学生可能对哪方面的信息感兴趣或可能喜欢阅读哪方面的材料。

（三）阅读教学活动的设计

教师可以在阅读教学活动的设计上做技术处理，激发学生的阅读动机。动机的高低实际上就是预期回报与预期付出的努力之间的比例。预期回报高且预期付出的努力低，那么动机就高；预期回报低而预期付出的努力高，那么动机就低。因此，提高动机的方式有提高预期回报、降低预期付出的努力、提高预期回报的同时降低预期付出的努力。显然，第三种方式能够最大限度地激发动机。

当然，提高学生阅读动机的方法是多种多样的，关键是教师要了解学生的阅读需求，并结合学生的阅读需求选择合适的阅读材料，设计合理的阅读活动。

1. 教师的作用

阅读教师应该始终记住，阅读是带着一定目的进行的，指导学生向着这一方向前进，这样阅读及提高阅读技能的动机自然就会达到。

教师的作用对于二语阅读者来说是整合性的。教师要把自己看作助推器，帮助学生发现哪种方法是最有效的。ACITVE 阅读理论框架作为一个方法论工具，使教师将阅读理论原则与课堂实践整合起来。这种整合将会使二语课堂教学更加有效。

教师起到的作用同时是激励性的。大多数学生相信，只要努力学习就必有所收获。而现实情况是，阅读中（特别是最初的英语阅读）会常常遇到困难，致使很多人无法感受到学习语言的乐趣。教师必须通过肯定他的努力来加强这一感觉，让学生认识到自己的努力方向是正确的。这种激励有助于学生重复快乐刺激发生时的阅读活动。此外，教师还应帮助学生建立自信心，使学生逐渐学会自我肯定。

2. 动机与阅读速度

纳托尔（Nuttall，2003）在增加阅读速度中提到过恶性循环模式。这种模式表明，阅读速度快可以促进阅读者多读，多阅读可以增加理解，更好的理解可以加快阅读速度。阅读者在阅读中进行得越顺利，他的阅读动机就越强。

3. 动机与阅读量及阅读技能

阅读动机的研究结果表明，注意力具有从已有经验中选择相关因素的功能，这就涉及阅读者的信息储存情况。丰富的记忆储存信息必然要求大的阅读量。换言之，阅读量越大，储存信息越丰富，可供选择的相关因素就越多，学生便可利用这些因素来对作者的意图做出各种分析判断，使阅读能力得到培养和提高，并积累目的语的文化背景知识。学生的阅读兴趣自然而然地得到激发，从而有望形成一个提高阅读能力的良性循环。

八、备选合适材料

有的教师则认为，为阅读教学备课，只需熟悉阅读材料，以便课堂上能够向学生讲解材料的内容或者回答学生提出的问题。其实，为了使阅读课有条理地进行，教师需要认真考虑阅读活动所需的时间、活动的操作步骤、学生分组活动（如讨论）的形式以及学生的需求、兴趣和实际能力等。

阅读备课的一个重要环节是选择阅读材料，而有些教师认为这是最难把握的环节。纳托尔（Nuttall，1996）提出了选择阅读材料的三个原则：合适程度、可利用程度和可读性。合适程度指材料是否符合学生的阅读需求，是否适合课堂教学的需要。可利用程度指材料是否能够满足阅读课的目的，是否能够使学生综合运用各种阅读技能等。可读性主要指阅读材料的难易程度（如词汇量）。阅读教师应在选择阅读材料时把握这几个原则，这样才能选出优质有效的阅读材料，以此设计课堂教学内容。

（一）影响课程设计的因素

埃伯索尔德（Aebereold，1997）提出了六个影响阅读教学课程设计的因素：时间、进展、学习小组和合作学习、多样性、学生的需要以及兴趣和能力。埃斯基（Eskey，1986）认为“教师首要关心的是发现或者创造有趣的阅读材料，这样学生就会想方设法地理解它”。

知道需要花费多少时间在阅读上，知道自己已经教了些什么，还应该讲些什么，是教师应该关注的两个重要因素。使学生参与到小组活动和合作学习中需要精心思考，完成这些活动需要花费大量时间。多样性既要求阅读材料的多样性，也要求有新的阅读技巧和策略。最后，对于学生的阅读需要、兴趣、能力的考虑会影响阅读材料的选择。

（二）原文材料的作用

教师必须考虑他们在阅读课堂上使用什么样的材料。纳托尔（Nuttall，1996）和华莱士（Wallace，1992）认为，选择原文材料对于阅读教学至关重要。当代英语教学理论基本上都主张采用最真实的材料，特别是在阅读教学中。所谓原文材料，是指那些供英语为母语的人设计的材料，而非那些专门为二语学习者编写的材料。

从传统意义上说，真实性文本是专门为本族语者准备的。但是在语言学习的过程中，真实性的文本不仅可以使学生接触真实地道的英语，而且能激发并提高学习者的兴趣。所以在选择阅读材料时，应首选由英语本族语者撰写的针对本族语读者的真实性的文章。但有些研究者（包括安德森）认为，关键问题并不是材料本身的真实性，而是如何真实地使用材料。比如从报纸上选一段广告作为阅读材料时，将广告中的某些单词删除，再让学生根据上下文来填充这些单词，那么这就不是真实地使用阅读材料。因为现实生活中人们是不会把文章中的部分单词去掉之后让别人去填充的。相反，如果问学生这个广告的主要目的是什么，或者问这个广告介绍的产品或服务项目是什么，那么就是真实地使用阅读材料（阅读材料的真实性问题是目前英语教学研究领域的热门话题）。当学习者阅读真实性文本时，其先前所学的知识、兴趣和好奇心一并被激发出来，从而实现顺畅阅读。

第三节　国内英语阅读教学的常用策略

除了前面讨论的阅读教学策略外，国内学者也对阅读策略教学进行了研究，成果主要集中在几方面，在这里将其总结归类，以供广大阅读教师参考。

一、三阶段策略

（一）读前策略

“读前活动”为阅读的导入阶段。开展“读前活动”的主要目的是：激发学生阅读的动机；激活和提供必要的背景知识；引出话题；为进一步阅读解决理解上的语言障碍。此阶段运用的主要策略为合作阅读和先行组织。在读前活动中，教师运用提问、讨论、图像等多种方法和手段，引入文章话题，激发学生的求知欲，使其对阅读产生兴趣，充分做好阅读准备。以下三种策略可以应用到读前策略中。

1. 合作阅读

合作阅读通过使学生参与合作的活动培养阅读理解的技巧，是一种比较有效地培养阅读理解能力、扩充词汇、促进学生间合作的教学手段，对于水平不齐的班级尤为有效。合作阅读可分为四个阶段，即读前准备、细节阅读、大意理解和巩固。可将班级学生按照英语水平高低分成小组，各合作小组由六人组成，扮演不同角色：组长负责合作阅读中各阶段的任务执行，保证合作阅读顺利进行；问题专家负责用问题卡片提示操作步骤；监控员负责各个组员的参与，保证每次只有一个人说话；激励者负责对每个组员参与活动的评估，鼓励每个人参与，对小组下一步的活动提出建议；代言人负责宣读自己小组的讨论结果；计时员负责合作阅读中各阶段的时间跨度，提醒小组成员及时转入下一个阶段。合作阅读应贯穿整个阅读过程。

2. 先行组织

通过刺激学生的背景知识，引发学生的思维，激发学生对所要阅读材料的兴趣。教师可以选择与阅读材料类似的话题组织学生讨论，并将讨论的结果进行归纳总结。组织学生就所要阅读的话题进行预测，并将预测内容与第一步讨论内容记录下来，以便阅读后进行对比。教师也可以在课前布置作业，让学生查找相关题材故事，在阅读前进行讲述，将与此题材相关的各方面展现给学生，充分扩展学生的思维。

3. 问题驱动

在阅读教学中，带着问题进入阅读情境，往往是最能充分展开的，阅读主体的阅读期待也是最强烈的。阅读教学应采用“问题驱动”的教学策略，可以提高学生的阅读内在动力，调动学生的潜能，让学生在有指导的实践中逐渐学会阅读，在问题解决过程中逐渐学会解决问题，在提高阅读能力的同时提高自身的综合素质。阅读教学中可以在阅读前提出问题，问题可以涉及文中主要事件发生、发展的时间线索，人物从事某活动的主要理由，论战双方的主要观点及论据，作者对某事件所持观点、态度以及读者对此给予何种评价，等等。学生可以根据需要解决的问题选择最合适的阅读方法进行有目的的阅读，并在小组内部就问题的解决方案展开讨论，然后以汇报发言的形式展示讨论成果。教师应该对学生发言进行引导和评价，及时发现并弥补学生由于语言知识或背景文化知识的欠缺而造成对文本理解的误差，或就某一切入点进行更为深入的探讨。通过提问和讨论，可以培养学生分析、推理、归纳、综合等思考能力和表述、研讨、争辩、应答等语言运用能力；同时，又可为学生创造轻松活泼的学习英语的语言环境，而这对于提高语言能力大有裨益。

（二）读中策略

根据赫伯（Herber，1978）的分类理论，阅读理解的三个层次分别为字面层次、阐释层次和应用层次，它们又可以称为言内之意、言外之意和言后之意。

经过阅读前活动，学生无论在心理、情感还是认知结构上，都得到了“预热”。读中活动阶段，教师应对阅读中出现的语言难点进行讲解，并向学生介绍阅读方法，发现学生不良的阅读习惯要予以矫正，以帮助学生顺利完成阅读任务。本阶段可采取合作阅读、学习日志和同伴指导三种教学策略。阅读中的活动通常分为速读、精读和研读三个环节。笔者将分别讨论在不同环节如何有效采用教学策略。

1. 速读

速读包括略读和跳读，是全局性阅读，主要目的是了解文章的大意，对文章的整体组织结构形成初步印象。阅读的方法可由文章的体裁而定：对叙事类文章，应引导学生弄清人物、背景、情节、高潮及主题。议论类文章的结构通常是第一段亮出论点，中间几段是支持论点的依据，最后一段重申论点，而且每一段都有主题句，或在段首或在段中或在段末。教师应提示学生重点阅读第一段和最后一段，并快速找到每一段的主题句。抓住了文章的总论点和分论点，就会纲举目张，脉络清晰。说明类文章每段一般有一个主题句。在抓住主题句的同时，迅速弄清文章要说明什么、宣传什么。速读环节，要发挥计时员的作用，保证限时阅读的效果。另外，利用学习日志，学生可列出文章基本结构，把握文章大意。教师可设计选择题或简答题，考查学生对主要事实的理解。

2. 精读

要求学生在了解文章的大意和基本结构后，了解更多、更具体、更深层的信息和更复杂的语言知识。在这一环节，教师应协助学生突破重难点句，把握重点语言点和具体细节。在进行精读训练时，教师应注意去发现学生的学习难点，要求学生在学习日志上记录学习难点和疑问，由组长进行收集和整理。可以利用同伴指导教学策略，先由学生对教学材料进行讲解，并针对学习难点进行课堂讨论。教师在讨论结束后，着重讲解文章重点语言和文化知识并解决普遍性问题。教师可以根据文章的细节内容设置一些选择题、判断题或短文填空题，让学生在阅读中完成。这些题目着重考查学生的推理能力，词义理解能力和对文中复指现象的理解能力。

3. 研读

研读也称为评读，是指阅读者在弄清作者的态度或意图后，对文章做出自己的评价，这对学生的能力要求又上了个层次。教师设计的教学活动应该有助于学生对文章内容进行情感体验和理性升华。在研读环节，首先要利用学习日志，记录每位学生学习课文的感想。其次以合作小组为单位，运用角色扮演或辩论的方式来表达学生对文章的不同解读。可设计接近生活真实的情境，让每位学生感受不同的态度和处事方式，以及可能导致的各种结局，在比较中多角度分析思考，形成道德判断，展示各自的智慧，树立正确的人生观和道德观。

（三）读后策略

读后活动的目的则有两个，一是根据阅读内容所进行的各种思维活动，二是鼓励学生将所阅读的内容与自己的经历、知识、兴趣和观点相联系。在阅读后活动中，设计的任务应具有开放性，让学生在具体的实际任务中亲自动手，独立思考，主动探索，培养发散性思维和创造性思维。该阶段主要采取合作阅读、学习日志和自选阅读策略，活动主要在课下完成。在合作阅读小组内可进行以下活动：一是对阅读质量的检查评估（可互相提问课文内容，复述课文大意）；二是对学生阅读过程表现的评估（可通过自我汇报的方式和小组内互相打分的形式）；三是对策略使用的评估（组织学生就自己的阅读方式进行讨论，可安排适当时间课内进行，也可通过问卷和写读书笔记的方式进行）；四是将阅读信息与材料外的信息相连（介绍自己类似的经历、模仿写作等）。阅读后活动的设计形式多样，但要联系课文的内容。从体裁类型上说，如果所学的课文是叙事类，可以要求学生对课文进行改编或续写。教师可以要求学生在读后活动中，充分发挥想象力，设计情节，让故事继续发展。学生以一种自主探究的态度去完成阅读任务，既巩固了课内知识，又提高了实际运用知识的能力，同时也培养了自觉的环保意识。每次进行阅读活动之后，教师可根据课文话题，安排学生进行相关文献阅读，获取更多信息。学生可根据自己情况选择阅读材料，但合作小组组长要进行记录。监控员对本组成员阅读情况进行监督，及时汇报出现的问题和难点。激励者可在教师指导下，采取措施，保证自选阅读正常进行。

1. 互助阅读

该策略通过学生之间的相互指导来培养学生的阅读能力，同时增强学生的自信心和成就感。该策略可以以两种模式进行。

（1）互教

互教是鼓励学生利用阅读策略提高阅读理解水平。方法如下：4~5 名学生为一个小组，共同讨论一篇文章。大家首先默读文章的第一段，一名学生像老师一样，用他自己的话概括这一段，然后就这段内容提问，并确定一个理解性问题或者一个难以理解的问题让大家讨论，最后由这名学生预测下一段的内容。如此一段一段分析文章，每一名学生轮流当老师，学生提出的问题既有表层理解，又有深层理解和评论分析，同时利用概括、提问和预测等阅读策略，逐渐提高阅读理解能力。而教师可以在学生互教的时候，对学生的参与情况进行观察评价。该策略得到广泛使用，证明是一个非常有效的阅读教学策略。

（2）讨论小组

在教师的指导下，由 5~8 名学生组成一个读书小组，所有小组成员可以共同读一本书，也可以各自读不同的书或故事，但所读的书或故事必须是同一个主题。学生根据书中内容进行提问讨论。基于对文章的评论分析，学生提出自己的观点并从文章中找到论据或例子，学生利用背景知识和以往的知识做出推论和总结，使新旧知识自然衔接。当一些学生在讨论时，其他学生也可以独立学习，而参与讨论有困难的学生可以找一个学习好一点的学生帮忙，加以指点，即使他看不懂每一个词，只要他有机会听并理解，则这个学生就可以参加读书讨论小组。最后每个小组选一名代表向全班汇报讨论结果。这种学习能提高阅读理解层次，同时也给了教师更多的观察学生学习的时间。

2. 阅读日志

这是鼓励学生坚持阅读并养成良好阅读习惯的有效方法。这里提供两种模式供参考。

（1）要求学生做课堂阅读笔记，并将阅读笔记分成两栏。阅读时将主要概念写在左半栏，将自己对这些概念的理解或其他想法写在右半栏。可以组织学生就自己的学习笔记进行讨论。该策略可以增强学生的文章结构意识，从而更乐于参加课堂讨论。在阅读课课堂教学中，可采取学习日志活动，在读后活动阶段也可以采取该策略，以提高学生阅读自觉性和主动思考的能力。

（2）给学生一张阅读进度表，让学生记录下所读书籍的作者、标题、看完的日期等，也可记下所读的页数以及简单的书评，定期上交教师审阅后做出反馈并加以评价，也可向学生推荐他们感兴趣的阅读材料。学生还可以根据阅读日志用长条图等画出阅读量，教师要求学生对所读内容按体裁进行分类（如小说、自传、诗歌等），让学生了解自己的阅读量，并使各种体裁的阅读平衡进行。

3. 自选阅读

该策略主要用于读后活动阶段。教师指导学生选择自己喜欢的阅读材料，并以自己喜欢的方式进行阅读，用于培养学生对策略的综合运用能力。操作程序主要有：布置阅读任务，比如，阅读后就故事的内容进行总结，或介绍自己比较感兴趣的细节等；学生选择自己喜欢的阅读材料进行阅读；组织学生就自己所阅读的材料进行信息共享；检查学生的自由阅读情况，可采用学生汇报的方式，也可采用书面总结的方式；组织学生对自己阅读的方式进行讨论，增强学生的阅读策略感。

读前、读中、读后三个阶段策略与 Nuttall 对于阅读教学基本步骤的论述有异曲同工之处。Nuttall 的阅读教学基本步骤包括准备阶段、略读或跳读阶段、解码阶段、理解阶段和技能整合阶段。

不同阅读材料所采取的教学方法和测试方法又是灵活多样的，教师应该选择适当的教学策略，从不同角度、不同侧面了解学生，为学生创造展示自己能力的机会。

二、建构策略

阅读中的言语理解并不是由文字到意义的简单转换，而是由一种阅读主体在原有知识结构基础上建构文章意义的过程。阅读是阅读主体的个性化行为，阅读者总是带着自己的知识结构、认知习惯、阅读期待、生活经历等进入阅读情境，并作用于文本。因而，其在阅读中的体验、感悟、结论等必定带有鲜明的个性化色彩。阅读教学中教师一定要尊重学生阅读过程的独特性。

在阅读理解过程中不再把读者视为语言信息的被动接受者，而是信息的主动加工者和意义的重构者，这些观点与建构主义的语言教学观基本一致。因此，把建构主义的教学理念应用到英语阅读课的教学中，对改进我国传统的英语阅读课有着重要的意义。在传统的英语阅读课中，教学基本上以教师为中心，教师往往把课堂上的多数时间花在对阅读材料中的词汇和语言知识点的解释上，而学生则被视为语言信息的被动接受者和语言知识的灌输对象。学生没有积极参与到对语言信息意义的主动建构中，他们先前的知识经验（背景知识或图式知识）没有被激活，或者被完全忽视。在阅读教学中，学生面对的语言输入材料（或语言信息）首先是主体的选择性注意。语言输入的材料如果没有得到学生主体的选择性注意，就谈不上理解，更谈不上吸收。而对语言输入的学习和理解就必须涉及学习者原有的认知结构，借助其已有的知识经验来理解和建构新的知识和信息。这就要求阅读课的教师注意扩大学生的背景知识，培养他们主动利用自身的背景知识来帮助理解吸收语言输入材料，通过原有语言知识系统与新的语言输入间的相互作用构建他们的语言理解能力。

此外，语言材料的输入在经过读者的选择性注意后，要完全吸收还有一个过程。而在这一过程中，读者也不是被动地接受所有的语言输入。根据建构主义的观点，学习者对新的语言能力的获得实际上是一个主动建构的过程。语言输入向吸收的转化充满了主体的建构活动，包括同化和顺应等，而不是被动接受。建构一方面是对输入的语言新信息的意义建构，另一方面又包括对读者原有经验的改造和重组。因此，对于语言输入材料与读者原有语言知识结构来说，输入过程绝对不是简单累加，而是相互作用，有同化，也有顺应。这种建构过程是双向性的。一方面，读者通过使用先前的背景知识（语言知识结构）来建构当前输入材料的意义，以超越所给的信息;另一方面，被利用的先前的语言背景知识不是从记忆中原封不动地提取，而是本身也要根据具体语言阅读材料的不同而重新建构。建构主义对语言输入的认识以及上述心理学家对阅读过程本质的认识，对英语阅读课则有深刻的启示意义。

在阅读教学中，教师应充分发挥学生在阅读过程中的主动性和能动性。要做到这一点，课堂教学就不能采用简单的灌输方法，把学生当作接受语言输入的容器，让学生被动地接受语言知识，或者只是简单地从语篇中接受或提取意义。教师应尽量引导并鼓励学生发挥意义建构者的积极作用，养成对阅读材料进行分析、鉴别、评价、批评等的能力。这样才能从根本上提高学生的整体阅读能力，从而最终实现语言能力的提升。

第六章　高校英语阅读课程的有效设计

第一节　高校英语阅读课程设计的理论概述

任何一门独立的学科都有与此相关的理论基础给予支撑，供其生长，高校英语阅读课堂教学设计也是如此。

一、系统理论

系统理论作为一门科学，由美国理论生物学家贝塔朗菲创立。1932 年，贝塔朗菲提出“开放系统理论”。1973 年，他提出的一般系统论原理为这门科学奠定了理论基础。人们把教学看成是一个独立的系统，该系统由教师、学生、教学内容、教学媒体、教学方法、教学环境等有机结合，相互联系，并且具有某种教学功能。教学系统的主要特点是教学系统的整体性，就是教学系统的各个组成要素之间相互联系、相互影响，有机地构成一个整体，缺失任何一个部分都不能有效运转。比如，教师与学生作为教学系统组成部分中的两大主体，教师的职能主要是通过组织教学活动，引导学生学习文化知识与技能。没有教师，学生就只能是自学者；相反，没有了学生，教师也无法发挥自己的职能。因此，在进行教学设计时，不能孤立地考虑某个部分，而是从整体出发，运用系统分析方法，分析教学设计系统的各个要素，改进教学系统的整体功能，提高教育教学质量。

二、学习理论

自古以来，人们从未间断对学习的讨论。20 世纪之后，学习理论有了崭新的发展。20 世纪 70 年代末，在讨论学习理论对教学的作用方面，加涅又提出了为学习设计教学的观点，对学习理论是教学设计的重要理论基础给予了肯定。对此，教师在进行教学设计时，要分析、预估影响学生学习的主要因素，包括学生的学习任务、学生的学习背景、学习者已有的知识结构、能力、态度、兴趣、个性等，然后根据一定的学习理论选择适当的教学策略。学习理论对教学设计的指导作用主要表现在以下三个方面：

第一，给教学设计者提供了新设计思路。传统教学设计中，教师一般只考虑自己教什么、怎么教，出发点是教师。随着人们对教学规律的认识以及对学习理论的掌握，教学开始以学生为主体，教师在进行教学设计和课堂教学时，也开始从学生出发，并充分考虑学生的学习背景、学习兴趣、态度、个性等，促使教师开始关注怎样创建良好的学习环境与丰富的学习资源，帮助学习者学习。

第二，对学生学习过程的规律性和师生教学结果的可测性做了相关规定。预测、估计学生在学习过程中的思维、心理以及行为的表现与变化是课堂教学设计的关键所在。在课堂教学之前，教师对课堂教学能进行有效的预估，有利于教师对课堂进行管理，对学生可能出现的问题进行预测。

第三，为教学设计提供了解决问题的方式。学习理论在其发展过程中总结了一套特有的学习法，并且不断系统化、条理化和规范化，方便教学设计者掌握和运用于教学设计当中。

三、教学理论

德国教育学家拉特克是第一个倡导教学理论的教育学家，其理论重点在于如何使所有的人最容易、最有效地获得修养。捷克教育学家夸美纽斯在拉特克理论研究的基础上得到进一步发展。其代表作《大教学论》[①]，对学年制、班级授课制、划分学龄阶段、教学计划和课时表、平时考查和阶段考试等这些理念与观点至今仍有很大的指导意义。美国心理学家布鲁纳提出了“发现教学理论”。他主张对学科基本结构的学习，在教学方法上提倡发现法。他认为，教学应该着眼于学生认知结构的扩展，从而促进其认知能力的发展。教学活动的核心任务应该是学生认知能力的发展，课程的设计、方法的选择都要以此为中心，为此服务。

四、图式理论

图式理论最早由德国哲学家、心理学家康德提出。20 世纪 80 年代中期以后，心理学研究受到人工智能科学的影响，安德森（Anderson）等人以认知心理学为基准，更为深入地研究了图式理论。他们认为，“图式是围绕某一个主题组织起来的知识的表征和储存方式”。随着社会和人类的不断进步与发展，人们要学习大量的知识，掌握更多的信息，而这些知识、信息在我们的大脑中的储存并不是杂乱无序的，它们围绕某一主题，彼此之间相互联系，从而形成一定的知识单元，即图式。图式包括语言、形式和内容三种类型。语言图式指的是读者先前的语言知识，包括语音、词汇和语法等方面。形式图式指读者对阅读材料的体裁以及篇章结构的了解程度。内容图式则是

① 夸美纽斯 . 大教学论 [M]. 北京：傅任敢，译 . 人民教育出版社，1979.

读者对阅读材料内容或主题的熟悉程度。

根据图式理论，高校英语教师在阅读教学时要做到以下三点：

第一，注重对阅读中语言知识的教学，丰富学生的语言图式。

第二，注重对阅读材料体裁与结构的介绍，有利于学生形成图式的构建。

第三，注重对阅读材料相关的背景知识的输入与教学，帮助学生丰富自己的内容。

第二节　高校英语阅读课程设计的构成要素

英语阅读课堂教学设计是英语阅读教学的灵魂。小则关系到一节课，大则可能关系到整个英语教学的成败得失，所以要必须引起教师的高度重视。高校英语阅读课堂教学设计牵涉很多方面，通过查找各种相关资料，以下几个方面对高校英语阅读课堂教学设计尤为重要。

一、对课堂教学对象的分析

很多教师会有这样的体会：自己辛苦备课，教案写得很详细，课也讲得很细，学生却觉得枯燥乏味，心生埋怨。究其原因，是教师只顾备教材，没有仔细了解学生的学习水平和状况。教师要想上好课，关键在于深入了解学生，掌握学生的学习情况。教师要做到以下三个方面了解学生。

（一）了解学生的学习基础与知识背景

首先，对学生的学习基础的掌握。既要了解学生个人的学习基础，又要了解学生所在班级的整体学习基础等。其次，学生在课前对本节课知识的掌握情况，教师也要有所了解。比如，哪些知识学生可以自学，哪些知识需要教师加以点拨和引导，学生才能理解。最后，还要了解学生是否知道与阅读语篇有关的知识、文化背景等。

（二）了解学生的差异

作为教学对象的学生，首先是一个独立的个体，有着不同背景和独特的个性。对此，教师要通过各种渠道和方式去了解学生学习基础的差异、智力上的差异，以及兴趣爱好、性格特点等方面的不同，为因材施教提供依据。

（三）了解学生对教学方法的反应

学生的学习是否积极、课堂教学效果如何等都会受到教师使用的教学方法的影响。对此，教师可以通过平时观察、课堂提问、作业批改、考试等途径来了解学生对其教学方法的意见，从而进行适当调整，适应学生的接受方式，增加学习兴趣，提升教学效果。

二、对课堂教学目标的分析

课堂教学目标是指在课堂教学中，师生想要达到的学习结果或标准。徐世贵在其所著的《新教师教育教学技能指导》[①] 中提出，课堂教学目标的设计要从以下四个方面来把握。

（一）课堂教学目标设计要全面，体现教学目标的多样性

学生的综合语言运用能力的培养是高等教育阶段英语课程的总体目标，而综合语言运用能力则是建立在对学生的语言技能、语言知识、情感态度、学习策略和文化意识的培养上。所以，高校英语课堂教学目标的设定要充分考虑这五个方面，这样才能体现课堂教学目标的全面性、多样化，从而有助于学生综合语言运用能力的培养。而且，课堂教学目标的全面性要因本节课的教学内容而定，不应机械地套用，一味地追求课堂教学目标的全面。

（二）课堂教学目标的设计要具体、便于操作

在课堂教学目标的设定过程中，要避免使用笼统抽象、含糊不清的词汇，如掌握、理解、了解等。另外，在陈述情感态度与价值观的目标时，更要明确学生应参加的具体活动或体验的具体内容。一般情况下，只对学生应参加的活动或体验内容明确做出规定即可，学生从活动中获得的结果可以不做具体规定。

（三）体现学生学习的主体性

课堂教学目标是对学生学习结果的一种预测，因此在编写教学目标时，应该以学生为主语，体现学生的主体性。

（四）课堂教学目标的编制要体现出层次性、差异性

课堂教学目标的层次性表现在能够针对不同层次的学生，制定不同水平的教学目标，使每个学生都能体会到目标达成后的成就感。这就要求课堂教学目标的设定既要有统一要求，又要能区别对待。

三、对教学内容的分析

如何积极开发课程资源以及对其进行合理利用是英语课程实施考虑的主要问题。英语课程资源不仅仅局限于英语教材，还应包括其他的学习资料与辅助设施。其中，英语教材是英语课程资源的核心部分。所以本节对教学内容的分析主要以对教材的分析为主。

---

① 徐世贵．新教师教育教学技能指导 [M]. 长春：吉林大学出版社，2007.

第一，为了使教材内容更加符合学生的实际需要以及尽量贴近学生的现实生活，需要对教材内容进行适当的增删取舍、调整重组。

第二，注重学科间的渗透和整合。现代课程关注学科整合，这就要求以本学科的知识学习为主，尽可能地去吸收其他学科的知识背景与素材，达到各科知识的融会贯通。

第三，化静为动，活化教材，让学生乐于学习。在处理教学内容时，设法将静止的、抽象的、死板的教学内容活起来，增加教学的感染力。其主要包括以下两个方面：一方面，改变教材的呈现方式。高校英语教材多以长篇幅的阅读文字材料出现，比较枯燥乏味，教师可以尝试把其改成对话、图片、录像等直观、动态的形式。另一方面，引导学生转变学习方式。现代教学不再是教师教教材，而是教师教学生如何学习教材内容，提倡学生自主学习、合作学习、探究学习，培养学生独立学习和探究发现的能力。

第四，提倡教学内容的拓展延伸，培养学生的实践创新能力，仅仅对教材的知识掌握已经不能满足社会发展对学生的要求。对此，教师要能够实时把教学内容延伸到社会，延伸到现实生活，让学生有自主实践与创造的机会和空间。且在学习课程之后，教师可以设计一场有关“汉语是否可以成为国际语言”的辩论赛，这样既符合现今社会的发展趋势，又贴近学生的实际生活，可以提高学生的英语语言运用能力。

四、对教学方法的分析

教学是创造性的活动，其创造性则体现在教师在处理教学内容时如何使用最优化的方法，而这种方法又不是对任何学生都行之有效的唯一方法。俗话说：“教无定法，贵在得法。”教学上不存在教学方法的百宝箱，所以探讨教法之“本”就显得比较重要。其主要包括以下四点。

第一，教学方法的选择要依据教学目标和教学内容而定。由于每个单元、每个课时的教学目标和教学内容都不相同，这就要求教师采用不同的教学方法来实现。例如，语法课主要是学习某个语法知识，所以教师可以采用演绎、归纳的教学方法。而不同的语法项目，教师也会采取不同的教学方法，以此帮助学生学习，提高教学效率。

第二，教学方法的选择要依据学生的特点，做到因材施教。例如，对于抽象思维能力较差的学生，可采用直观教学法，即使用实物、图片等学生可以感触到的介质来帮助其理解。

第三，在选择教学方法时更要注意结合教师自身的特点。没有任何一种方法是适合所有教师的。教师本身的特点、性格、教育背景等往往影响教学方法的运用。例如，性格外向的教师喜欢设计一些课堂游戏和活动，使课堂比较活跃，但是在知识的传授方面可能不够严谨。年轻教师往往充满活力，创新能力强，但是经验不足，对课堂的驾驭不强。所以，教师在选择教学方法时，一定要结合自身的特长，有针对性地进行选择和运用，形成有自身特色的教学方法。

第四，在选择教学方法时，还要考虑现有的物质条件。随着科学技术的发展，多媒体在教学中的运用已非常普遍，教学方法的选择也更加丰富。由于不同国家、不同地区学校的办学水平、物质条件不同，所以教师在选择教学方法时要有所考虑。比如，在我国偏远农村地区，教学依旧是一个黑板、一支粉笔的情况。因此，教师在课堂教学时所选择的教学方法就会有所局限。

五、对教学过程的分析

教学过程就是在教学过程中对教学活动的展开。高校英语阅读教学过程分为读前、读中和读后。读前是阅读教学的开头，主要是为了激活学生已经存在的与话题相关的背景知识，以及解决阅读中存在的影响学生阅读的主要知识问题，为下一步的阅读活动做好铺垫。所以，时间安排不宜过多，设计的活动或任务应该能充分调动学生学习本课的积极性。

读中环节是阅读教学的主体部分，其是学生处理文本信息、了解文本内容、训练阅读策略、培养阅读习惯的主要过程。所以，教师在进行阅读教学设计时，要将大部分时间分配在读中环节，活动或任务的设计应该做到多样化、有层次、有深度。

读前和读中则属于语言的输入，而读后环节旨在语言的输出。英语阅读的读后活动侧重检查学生的阅读效果，巩固、运用所学语言，使学生在阅读之后能够结合与文本相关的主题、观点以及所学的语言知识，进行语言的输出。在设计读后活动时，要注意任务的难易程度，以及选题是否围绕文本的主题。常见的输出活动类型有与课文内容相关的补充性活动，与文本表达形式类似的迁移性活动，与文本有比较和借鉴意义的比较性活动。

六、对教学评价的分析

随着新课程改革的推进，教学评价也发生了很大的改变。其主要体现在以下四个方面：第一，评价功能的转变。以前的教育评价重在甄别、选拔与评优，通过考试来把学生分为三六九等。在这种情况下，只有少数学生能得到鼓励，体验到成功的快乐，其他大部分学生都被称为失败者。现在教育旨在面向全体学生，促进每个学生全面、健康发展。第二，评价主体的转变。传统的教学评价一般是单一主体评价，多是教师评价学生，学生被动接受评价。如今的评价主体开始多元化，教师与学生、学生与学生、学生自评等多元主体和主体交互评价。这样，被评价者的主体作用凸显，他们便会积极配合，主动参与评价，改进不足，完善自我。第三，评价内容的转变。传统教学评价只关注学生学习的结果，忽略学习过程，学生体会不到学习的乐趣，更多的是考试造成的紧张与压力。现代教学评价开始转向学生同时关注目标、条件和过程，注重让学生对知识形成真正的理解、感悟、情感体验，以及培养学生自我监控、反思的能力等。第四，评价实施的转变。从过去只有终结性评价到现今形成性评价与终结性评价相结合，重视形成性评价。

相对于终结性评价，形成性评价是对学习过程的评价，即学生在平时学习过程中的表现、所取得的成绩和在此过程中情感态度等方面的体验和发展。形成性评价也被称为发展性评价，对学生的整个学习过程进行持续的观察、记录和反思。通过形成性评价的开展，学生能够逐渐做到有效调控自己的学习行为，及时获得成就感和自信心，培养合作精神。通过形成性评价，学生不再被动接受评价，而是成为评价的积极参与者。同时，形成性评价也能有效指导教师的教学行为，不断改进教学方法，提高教学能力。常见的形成性评价方法有课堂口头评价、小组评价、档案袋等。

第三节　高校英语阅读课程设计的基本原则

高校英语教学的基本理念是重视高校学生的共同基础，为他们构建发展平台；提供多种选择，适应学生个性需求；优化学习方式，提供自主学习能力；关注学生情感，提高人文素质；完善评价体系，促进学生不断发展。在结合高校英语教学的基本要求与高校英语课堂教学设计的相关理论，笔者认为，在进行英语课堂教学设计时，应该遵循以下几项原则。

一、系统性原则

把英语课堂教学设计看作一个系统，英语课堂教学设计就是由诸多要素有机组成的一个教学系统。因此，在进行课堂教学设计时，教师需要运用系统论的思想和方法，综合分析、判断参与课堂教学过程中的各要素及相互关系。之后，从教学的要素出发，充分把握和优化教学结构，使教学的功能作用达到最大化。

二、面向全体学生的原则

学生的发展既是英语教学的出发点，也是英语教学的归宿。教师在进行课堂教学设计时，要充分考虑到每个学生的个性、心理、现有知识水平等的差异，并满足不同层次学生的不同学习需求，把每一个学生看作教学活动的中心。例如，在进行教学活动设计时，教师首先要尽量设计多种多样、不同层次的活动，最大限度地满足不同个性、不同层次学生对教学活动的需求，这样每个学生才有参与活动的主动性与积极性。其次，教师要能够充分去了解每一个学生的个性、特长、知识能力，以及社会、时代发展对学生的要求，灵活处理教学内容，适当增加课本以外的教学材料。最后，教师在课堂教学时，努力营造民主、和谐的教学环境，为每一个学生创造施展才能的空间。

三、注重对教学资源的整合

英语教学资源的整合，首先是新旧知识的整合。英语学科知识是一个系统、有序的知识体系。虽然现在绝大多数英语教材都是分模块学习的，每一个模块看似都是独立的话题与语法等，但实际上每一个模块之间都是紧密联系、承前启后的。其次，善于发现英语与其他学科的结合点。比如，高校英语中的阅读篇章不仅涉及与英美文学、文化有关的知识内容，还牵涉了中国的地理、历史知识。这就要求教师在进行教学设计时，要融合不同国家的文化、不同学科的知识，这对教师来说是一个很大的挑战。

四、注重对学生语言交际能力的培养

培养学生的真实语言交际能力则是英语教学的实质。而在现在的英语教学中，只重视语言知识的传授却忽视学生的综合发展的现象依旧存在。在国家大力提倡英语课程改革的背景下，学校、社会对英语的学习态度与目的有所改变。但是对绝大多数的高校学校来说，为考试得高分而学习英语、教授英语的现象依旧存在。每天做练习、记单词是高校学生对英语学习的理解。教师更是对这些强调再三，完全忽略了英语教学的实质，学生综合语言运用能力的培养更无从谈起。实际上，大学生在九年义务教育之后，进入高一级的学府深造，大多数的学生都已经有了基本的听、说、读、写的英语水平，学生的综合语言运用能力应该在高校阶段得到锻炼和提升。为改变“哑巴英语”现象，实现学生综合语言运用能力提升这一目标，高校英语教师应转变观念，在课堂教学设计时，要注重对有意义的语言情景的设置，课堂教学活动尽量多样化，给学生运用所学的语言、相应知识技能进行交际提供充分的动力和可以展示的平台。此外，为了使真实的交际在课堂教学活动中得到充分的体现，教师在教学设计时要创造必要的“信息沟”，这样学生才有进行交际活动的冲动。

五、注重对阅读课堂活动的设计

首先，活动设计要多样化，有层次。在英语阅读课堂教学中，阅读活动设计的多样化有利于激发和保持学生对阅读材料学习的兴趣。杰瑞米·哈默（Jeremy Harmer）指出，课堂教学形式过于单一，学生很容易就会猜到在接下来的课堂中会发生什么。

这样学生不仅会让学习感到枯燥、厌烦，而且师生、生生之间的互动活动也无法有效地开展。在丰富课堂教学活动，使课堂教学充满生机与活力的前提下，教师要依据学生现有的学习水平和他们的接受能力，确定活动、任务的难度和要求。除了兴趣会对学生参与课堂活动产生影响之外，活动的难易程度也会使学生焦躁乃至厌烦。同时，缺乏层次性的活动设计也会影响到学生对知识、信息的建构。因此，在设计阅读活动时，要尽量做到从简到繁、从易到难，循序渐进。

其次，活动设计则要注重拓展与创造。在英语阅读教学设计时，教师要彻底改变传统的“满堂灌”的教学方式，给学生留下一定的时间和空间进行思考。教师要充分挖掘阅读材料所蕴含的创造性因素，设计相应的课堂活动，学生参与其中，使其创造思维能力得到培养。而且，教师也要能够找到语篇中可以扩展、延伸的点，给学生加以补充和拓展，以及能够准确抓住语篇的重点之处，有针对性、有重点地设计相关活动，训练学生的概括性思维和深层次知识加工思维。

六、注重对学生阅读策略的培养

高校英语阅读技能教学的目的是培养学生的阅读策略；培养语感；尤其要注重对学生在阅读过程中获取信息、处理信息能力的培养。同时，也对培养和提高学生的阅读能力提出了更具体要求。例如，高校学生在阅读方面应该达到的七级要求是能从文章中获取主要信息；能理解文章的主旨大意和作者的写作意图；能通过上下文猜测词义，推测语篇意义等。阅读是人们获取知识与信息的有效渠道。对于高校学生来讲，无论是在平时的英语学习当中还是在考试中，阅读所占的比重都是非常大的。阅读策略则是为了解决人们在阅读过程中出现的问题，以及帮助人们记忆语篇内容而进行的思维活动或采取的具体行为。所以，掌握一定的阅读策略和技巧对阅读能力的提高有很大的帮助。常见的阅读策略有预测、略读、寻读、推断等。

第七章　高校英语阅读课堂的有效导入

第一节　高校英语阅读课堂导入概述

一、课堂导入概念的界定

就《汉英词典》[①]所述，“导入”的英文释义有 lead into，draw into，pull-in，leadin，introduction，call，inlet，introducing。而在英语教学中，普遍用“warm-up”以及“lead-in”来解释课堂导入。各类英汉字典对其的注解如下。

（一）韦氏高阶美语英汉双解词典

warm up

1.to prepare for strong exercise by performing mild or moderate exercise.

做准备活动;（运动前）热身。

2.to increase in excitement，intensity or violence.

逐渐激烈（或加深）。

3.to become friendlier or more receptive.

热心起来。

（二）麦克米伦高阶英语词典

lead-in

a statement，action，or short piece of film used for introducing something.

（三）高阶英汉双解词典

lead-in(n.)

remarks made by sb.to introduce a radio or television show.

（介绍广播或电视节目的）开场白。

warm-up(n.)

① 姚小平 . 汉英词典 [M]. 北京：外语教学与研究出版社，2010.

1.an occasion when you prepare yourself for an activity.

准备活动。

2.a set of exercises that you start to play a sport，in order to prepare your body.

开始体育运动前的准备活动、热身运动。

由以上释义可见，“warm-up”更加侧重于生理上的热身活动，而“lead-in”更侧重于与主题内容相关的介绍、引导。相对来说，“lead-in”更能体现导入在教学过程中的特点。然而，对于“课堂导入”中的中文释义目前尚未有标准的定义。

对于导入的定义，虽然表达方式有所不一，但都提到了“课堂导入”的几个共同的要素。从时间上来看，课堂导入一定在课堂教学活动开始之时，且导入环节持续的时间不应过长；从实施者来看，课堂导入是由教师有意识、有目的地设计、安排的教学环节；从目的来看，课堂导入主要就是为了引导学生尽快地进入课堂学习氛围，调动其学习热情，启发其思维。

综上所述，课堂导入（lead-in）指的是教师有意识、有目的地在课堂开始的最初5分钟左右的时间中，通过各种教学活动启发学生的思维、提高学生的学习兴趣，并引导学生尽快进入课堂学习状态。

二、国外对于课堂导入的研究

20世纪70年代，一些学者在Sydncy Micro Skill[①]一书中提到了导入的功能。他们认为，导入的首要功能是产生吸引力，就是在课堂教学开始时，吸引学生的注意力，使其能将注意力快速转移至课堂。第二个功能是激发动机。他们认为，动机对于学习者的学习效果将产生一定的影响，强烈的动机可以促进学习者的学习，推动其参与学习活动。第三个功能是明确任务。在课程开始时，教师在构建教学目标的同时，通过导入让学生明确其学习任务，其有利于教师与学生共同推动教学目标的实现。第四个功能是建立联系，即新旧知识间的联系。

高尔（Gower）和沃尔特斯（Walters）对课堂导入的方式进行了研究。他们认为，在教学中，导入的形式可以多种多样。例如，与学生自由地进行交谈，师生间的互动、相互了解，以学生熟悉的日常生活中常见的问题为话题进行导入，如节日、报纸杂志等。这些话题都能提高学生参与讨论的兴趣，缓解课堂紧张焦虑的气氛，让学生与教师间建立友好的关系。

威利斯（Willis）在A Framework for Task-based Learning[②]一书中提出了任务型教学

① Turney，C.Etal.Sydney Micro Skills [M].Sydney：Sydney University Press，1975.

② Willis，J.A framework for task-based learning[M].london：Addison Wesley Longman Limited，1996.

的基本框架，即任务前（pre-task）、任务环（task-cycle）以及语言聚焦（language focus）。在整个任务型教学框架中，任务前是教学过程中所用时间最短的阶段，其目的就在于为接下来的任务做好铺垫。在任务前阶段，教师的教学可以按照以下三个步骤进行。

（一）教师向学生明确介绍学习主题以及学习任务

威利斯特别指出，对于一些来自其他国家的学生，由于文化背景的差异，有一些话题对部分学生来说可能会引起反感。因此，教师在介绍话题的时候必须考虑到学生的家庭背景、文化差异等因素。

（二）教师激活与主题相关的单词词组

威利斯并不是提倡教师直接教授学生单词和词汇。为此，他提供了以下七种激活目标语言的方式：

1. 分类

将单词、词组依据特定话题和任务分类。

2. 择异

教师要在黑板上写上一系列相关的单词、词组，在每一组中加入一个不相关的词，让学生挑选出不一样的词或词组，并说明理由。

3. 配对

根据图片将词组配对。

4. 图文记忆

挑战记忆（教师向学生展示图片，在一两分钟后收起图片，学生需通过记忆将词组或图片的说明文字与之前所看到的图片配对）。

5. “头脑风暴”

教师在黑板的中心写上所学内容的关键词，鼓励学生想出更多与其相关的词。

6. 自由讨论

学生讨论与所学话题有关的任何问题。

7. 教师自述

教师描述一段相似的体验。

（三）教师明确给予指示

在任务型教学中，教师则需要在任务前阶段向学生明确以下几个方面的内容：学生需要在课堂中完成的任务、他们完成任务所需的时间以及完成任务后他们所获得的收获。对此，威利斯提供了以下五种教师传达指令的方式。

第一，教师朗读指示或者向学生做进一步解释。

第二，学生自己阅读课本上的指示。

第三，教师邀请一名学生共同演示任务。

第四，教师用目标语言播放一段录音，向学生明确完成任务的要求。

第五，教师向本班学生展示以往的学生完成任务的过程。

无论教师用什么样的方式给予学生指示，威利斯所强调的都是教师必须在任务前的环节给予学生明确的指令，使他们明白如何高效率地完成一系列任务。

三、国内对于课堂导入的研究

目前，国内针对导入的研究大多建立在一线教师课堂实践的基础之上，主要集中在对课堂导入形式的探索，类似研究在各类文献中均有记载。

刘佳在其《高中英语课堂教学的导入艺术探究》①一文中，将导入的方法细分为十六种：一是看图提示导入法；二是温故知新导入法；三是设疑导入法；四是音乐导入法；五是想象导入法；六是悬念导入法；七是释题导入法；八是简笔画导入法；九是梗概式导入法；十是辩论导入法；十一是故事导入法；十二是表演导入法；十三是情境导入法；十四是背景知识导入法；十五是随意交谈导入法；十六是电教媒体导入法。

李耀新在《课堂教学的组织与管理》②一书中对导入进行了研究，并指出导入新课，即开讲是课堂教学中的一个重要环节。李耀新则认为，为了提高教学质量，教师应当重视导入环节，且要讲究导入的方法及艺术性。在文中，他概括了 33 种开讲的方式，如温故开讲、衔接开讲、设疑开讲、布障开讲、目的开讲等。

陈正久在《新课程标准下英语课堂的导入》③一文中，从五个方面谈到了英语课堂导入的形式。一是以教师的引导为方向；二是以学生为中心；三是利用教学媒体和图片；四是利用歌曲和游戏；五是利用配乐英语小演讲。

陈庆文、于明侠、赵康滨等人在《课堂导入模式的研究与实践》④一文中，则将导入模式概括为以下六种：创设情景、叙述故事、利用矛盾、设置悬念、引用名言、布置道具。

保艳梅、安晓杰在《英语新课导入的设计与实践》⑤一文中归纳了五种导入的方式，即巧设提问法、背景比较法、情景利用法、时事结合法、音像辅助法。

黄翠莉在《课堂导入：有效教学的起点》⑥一文中对导入的方法做了具体的归纳，

① 刘佳．高中英语课堂教学的导入艺术探究 [D]. 华中师范大学，2004.

② 李耀新．课堂教学的组织与管理 [M]. 暨南大学出版社，2005.

③ 陈正久．新课程标准下英语课堂的导入 [J]. 考试周刊，2007（35）：1.

④ 陈庆文，于明侠，赵康滨．课堂导入模式的研究与实践 [J]. 现代教育科学：高教研究，2008（S1）：1.

⑤ 保艳梅，安晓杰．英语新课导入的设计与实践 [J]. 长沙铁道学院学报（社会科学版），2008（3）：2.

⑥ 黄翠莉．课堂导入：有效教学的起点 [J]. 新课程：综合版，2009（8）：2.

将其分为以下七种:直接导入法、温故知新法、歌曲导入法、诗歌成语法、谚语俗语法、故事导入法、图像导入法。

由此可见，国内外学者及一线教师对于导入的作用以及分类都有一定的研究。国外文献主要从理论层面讨论了导入的作用，如激起学生的学习动机、缓解课堂气氛、建立明确的学习目标等。国内文献主要对导入的形式有较具体的概括，主要包括图片导入、歌曲导入、谈话导入、影视导入、辩论导入、设疑导入、矛盾导入、故事导入、情景导入、温故导入、简笔画导入、辩论导入、小品导入、背景知识导入、释题导入等。

四、课堂导入的分类

国内一线教师对于导入形式做了全面的分类，主要包括以下四个方面。

（一）多媒体导入

随着科技的发展，网络、多媒体等高科技手段对课堂教学也产生了极大的影响。在英语教学中，常用的信息技术手段包括图像、音频、视频、PPT、Flash 等，而如 Model、Hot Potatoes 这样的网络平台、测试软件也正在被教师逐步运用于教学中。多媒体导入便是利用以上各种硬、软件，通过生动、有趣的视觉、听觉效果进行的一种导入形式。它能够打破传统封闭式的课堂条件，为学生提供丰富逼真的影像画面，使得学生能够真实地体会到英语的文化背景和语言环境，将原本抽象的概念转换为具体的感知。

（二）话题导入

话题导入则指的是教师通过引入一个适合课堂教学内容的话题，利用教师与学生间或者学生与学生间的交流和讨论进行课堂导入。话题导入的形式有许多种，除了教师事先有意识地设置好的随意交谈，或事先准备好的讨论话题外，也可以由教师去选择一个论点，分组进行班级辩论。除此之外，教师还可以通过设疑、布障等方式，激起学生的讨论兴趣，启发学生的思维，使学生的求知欲望从潜伏状态转入活跃状态，从而唤起其对新知识的好奇及渴望。在教师与学生或学生与学生进行交流、讨论的过程中，教师可以营造一个相对轻松开放的教学环境，自然地进行课文的导入。

（三）知识迁移导入

由此我们可以看出，旧知识对于新知识的学习有着相当大的帮助。然而奥苏泊尔认为，教科书的编写者将观念或论题分割成了独立的章节而没有探讨其相互关系。这样做会使得学生认为新信息是不重要的，或者看不到学习材料中出现的概念之间内在的相似和差异。高校英语教材以不同主题为主线进行编排，其容易使学生产生每个单元都是独立且分割的印象，使得学生难以构建其知识网络。这就需要教师在课堂教学中有意识地进行知识的迁移。通过温故、释题、知识的复现等导入形式，一方面可以复习、巩固旧知识，让学生形成一个整体的知识架构；另一方面，可以从心理上降低学生的焦虑，使其对接受新知识有所准备。

（四）情境导入

马林诺斯基最先提出了情境的概念。他认为，所谓情境指的是情景语境，即发生言语行为的实际环境与场合。建构主义理论认为，在建构主义的教学模式下，学生通过教师或他人的帮助，利用情境、协作、会话等学习环境充分发挥学生的主动性、积极性和创造性，最终达到对所学知识的意义建构。

在实际教学中，教师可以为学生建立一个真实的语境，使学生在真实的交际情景中更好地理解文本所传达的含义。然而大部分时候由于受到空间、时间、设备等限制，教师难以为学生建立一个与学习内容相一致的真实语境。此时，教师可以通过多媒体等辅助设备尽量地为学生创造一个模拟的语境，或者是通过小品的方式让学生自主搭建一个与文本相关的虚拟语境。

不同的导入形式，侧重点各有不同，但是其作用都是为了帮助学生更好地融入课堂学习氛围，促进教师课堂教学的顺利开展。教师在教学时，可以选择多种导入形式相融合的方式，充分发挥其作用。在备课时，教师应当充分考虑教学环境、学生学习情况以及教学文本等因素，选择最适合学生水平以及文本教学重点的导入形式进行阅读课堂的导入。在实施课堂导入的过程中，教师也应当遵循一定的原则，根据课堂教学的开展，灵活地应用、调整课堂导入的形式。

第二节　高校英语阅读课堂导入的重要意义

一、高校英语阅读课堂导入的必要性

在四项英语技能，即听、说、读、写中，第二语言以及英语学习者所使用的最多的技能就是阅读技能。同时，阅读技能对学习者自身的发展以及兴趣的培养也十分重要。学生需要通过阅读来获取大量的信息，而英语课堂作为语言教学的阵地，对提高学生的阅读能力也起着至关重要的作用。无论从英语教材的形式、内容上，还是从教学方法改革的步伐中，都可以看出英语阅读能力的培养已经越来越受到人们的重视。

（一）是新课程标准的新要求

高校英语教材以阅读文本为主。以《新世纪大学英语系列教材》为例，上海《新

世纪大学英语系列教材》[①]每册有4个模块，每个模块由两个单元组成，每个单元以一篇精读文章以及一篇泛读文章为主体，听力、口语以及写作的教学均围绕每个模块的主题进行。以第二学期一单元为例，其精读文章的文本主题为“英语字词的故事”，语法重点为“衍生词”，其听力练习围绕“Break the ice”这个词组展开，口语操练内容是复述文章，并且解释教材所给的谚语；泛读文章的文本主题为“英语谚语”。教材首先通过精读课文展开这一单元的主题，在理解精读课文的基础上，再进行听、说、读、写各个技能的操练，让学生以话题为依托，最后通过泛读课文拓展学生的思维。由此可见，在高校的英语课堂教学中，阅读文本所占的比重相当大，各项技能的操练都始终围绕阅读文本展开，它扮演着语言知识“输入”的重要角色。一旦文本教学无法顺利进行，学生的“输出”技能如口语、写作等，就无法得到知识的依托。因此，教师在处理高校英语教材时，越来越多地将重点放在了文本阅读上，而文本阅读向来又是学生学习的难点。相比义务教育阶段的文本学习，高校的文本篇幅长度有了明显的增加，学生学习时易产生厌倦感。因此，教师必须寻找可行的方法，确保提高阅读课的效率。

（二）教材文本内容涉及的主题广泛

《新世纪大学英语系列教材》涵盖的主题广泛，每册书4个模块所涉及的题材、主题均有所差异。教材第一、第二学期的文本涉及的主题十分广泛，有朋友、日常生活、自然、环境、科学、文学等，而其中很多都涉及了文化背景知识，如“Food in the United States”“Shopping in the State”“What Does Friendship Mean to Westerners？”等，从标题上就能反映其特定的文化背景。而如“The Mexican”“Oliver Wants More”“ls she Guilty？”这些节选自英美文学作品的文章，其中蕴含着大量的时代背景以及文化知识。文学作为文化的载体，体现了各个国家的历史变迁、思维方式、价值观，其内涵绝不是简单地读懂、翻译课文所能表达的。文学体裁文章的阅读也因此成了一个难点。克拉姆契在Context and Culture in Language Teaching(《语言教学的环境与文化》[②]）一书中也提及，对于语言学习者，他们在阅读文本时遇到的最主要的问题是从口语化的文本转换至阅读文学性的文本。由于文化、时代和社会背景不同，在阅读文学作品的时候，让学生理解、体会文本背后所要表达的作者的思想、时代的特征一直是教学中的一个难点。因此在教学时，教师有必要通过课堂导入这一环节，针对文本内容为学生补充必要的文化背景知识，培养其跨文化交际的意识。教师应根据学生的年龄特点和认知能力，逐步扩展文化知识的范围。同时，又要扩大学生接触异国文化的范围，帮助学生开阔视野，使他们提高对中外文化异同的敏感性和鉴别能力，为发展他们的跨文化交际能力打下良好基础。

---

① 秦秀白．新世纪大学英语系列教材[M].上海：上海外语教育出版社，2007.

② 克拉姆契．语言教学的环境与文化（英文版）[M].上海：上海外语教育出版社，1999.

（三）教学方法的改革创新

20 世纪 60 年代，古德曼提出了“自上而下”的阅读课教学模式。读者在阅读的过程中利用自己已有的知识以及经验对文章进行推断，并且在阅读的过程中不断验证自己的推断和猜测。这种阅读模式不再强调对于文本逐字、逐句的理解，转而更强调读者将已有的知识经验同所读文本建立联系的能力。因此，教师在教学时必须改变传统的以单词、语法为核心的教学模式。

《新世纪大学英语系列教材》提倡利用任务型教学法。在处理阅读文章时，设计了四个环节，分别是 Preparing for reading、Moving on to read、Discovering meanings 以及 Thinking about reading。其中，Preparing for reading 为阅读前环节（prereading），Moving on to read 及 Discovering meanings 为阅读中环节（whilereading），Thinking about reading 为阅读后环节（post-reading）。

传统的阅读教学课堂，通常是由教师在阅读前布置一些问题，然后要求学生阅读文本后回答问题。在学生对于文本的背景毫无了解的情况下开始这样的教学，被称为 Ten Question Syndrome（十题综合征）。

因为教师并没有从学生的实际认知出发，而是仅仅通过事先设计好的同文章相关的一系列问题来引导学生阅读。这种教学方法会给学生施加压力，使他们厌倦阅读；另一方面，它使得阅读成为回答问题的唯一目的，使得学生漠视文本的整体理解以及对其内涵意义的挖掘。教材中阅读前环节的设置，有意识地避免了教师在没有导入的情况就直接进入文本阅读的现象。在阅读前环节，教师提供了一些与课文主题相关的图片以及问题，以供学生思考，学生可以从图片所提供的信息以及对问题的思考中对文章内容有一个大致的猜测。《普通高校英语新课程标准》中提出，教师在教学中应增加开放性的任务型活动和探究性的学习内容，使学生有机会表达自己的看法与观点。因此，除了教材所提供的素材之外，教师还可以根据自己所教班级的实际情况以及文本内容的不同，有针对性地设计导入。

综上所述，《新世纪高校英语》教材的整体设计以阅读为主线，通过文本阅读提出每一个单元的主题，通过各项教学任务的操练来提高听、说、读、写各项技能。书中涵盖的文本内容则涉及各个主题，其中部分主题如环境、科学、种族歧视等时代感强烈，具有现实意义。与此同时，教材中也不乏一些文化背景知识丰富的文章。由于文化背景不尽相同的原因，所以会对学生的理解造成一定的偏差。传统的语法翻译教学法已经无法满足如今的英语阅读教学，因为其片面强调学生的语言知识，即词汇、语法，而忽略了阅读的真正意义。如今教师的教学目标不再是让学生学会词汇及语法，而是教会学生通过阅读获取信息，并且提高其英语阅读能力。因此，改变教学方法，在高校英语阅读课堂增加导入环节十分必要，它对提高课堂教学质量有着积极的意义。

二、阅读课堂导入的作用

合理地在英语阅读课堂利用导入，对于提高课堂教学质量有以下作用：吸引学生的注意力，使学生做好心理上的准备；激发学生的学习兴趣和学习动机，使其保持积极的学习态度；启发学生思考，锻炼学生思维；温故而知新，帮助学生进行知识的迁移。具体内容体现在以下四个方面。

（一）吸引学生注意力，使学生做好心理上的准备

学生的课堂注意力与其学习成绩密切相关。学生的注意力越集中，其获得的学习效果就越好。在课堂教学刚开始的时候，学生注意力往往比较分散，特别是刚结束体育、劳技、美术等活动性课程时，体力消耗较大，注意力往往会停留在上一节课的内容中，学生较难在短时间内进入学习状态。如果教师此时直接进入新内容的讲解，效果必然不佳。利用新颖有趣的课堂导入，可以使学生的注意力快速转移至课堂，从而推动课堂活动的有效开展。

（二）激发学生的学习兴趣和学习动机，使其保持积极的学习态度

英语学习者的学习成绩受到许多因素的影响，如智力、学习环境、学习态度、学习动机、语言学习天赋、年龄、学习方式等。

在实际课堂教学中，高校英语教材中阅读文本的篇幅相对较长，句法结构相比义务教育阶段在难度上也有所增加，学生容易对文本产生倦怠感。在这样的情况下，如果教师直接进行课文讲解，会大大降低学生的学习兴趣。利用合理的导入，可以激发学生的学习动机，让其对文本的学习产生一定兴趣。

（三）启发学生思考，锻炼学生思维

积极的思维活动是课堂教学成功的关键。孔子提出，“不愤不启，不悱不发”[①]。宋代朱熹对此的注解是“愤者，心求通而未得之意；悱者，口欲言而未能之貌。启，谓开其意；发，谓达其辞”。[②]

“愤”“悱”指的就是学生对某个问题想弄清却又弄不清的状态。孔子则认为，只有当学生对于问题有着强烈的求知欲时，教师的点拨方能马上解开学生的困惑，激发学生的学习热情。孔子的启发式教学具有以下两个特点：首先，最大限度地去调动学生的求知欲。如果强迫学生在没有求知欲的时候学习，不仅无法获得良好的学习效果，反而会使学生对学习丧失兴趣。反之，如果学生处在对于某个问题充满了好奇，并且为了寻求答案而不断思考的过程中，那么其对于知识就产生了迫切的渴求，在此情况

① （春秋）孔子 . 论语 [M]. 哈尔滨：北方文艺出版社，2019.

② （宋）朱熹集注 . 四书集注 [M]. 长沙：岳麓书社，1987.

下进行教学方能达到事半功倍的效果。其次，教师需要在学生求知欲最强的时候进行启发，即教师需找到启发的最佳时间。

当学生的求知欲因为无法得到适时的指导、点拨而再次受阻时，学生就会对问题失去兴趣，其学习热情就会减弱。因此，在英语阅读课堂实践中，教师可以在课堂导入阶段通过提问、设疑等方式，使学生进入“愤”“悱”的状态。对于教师精心设计的提问，学生往往会跃跃欲试，产生解决问题的欲望，求知欲也能够被大大地调动。此时，学生的注意力便会集中，其观察、记忆、思维都能够处于较好的状态。

（四）温故而知新，帮助学生进行知识的迁移

通过课堂导入，教师可以帮助学生在新旧知识之间架起桥梁，帮助学生利用已获得的知识和经验辅助新知识的学习。美国认知心理学家奥苏泊尔指出，“教科书编写者将观念或论题分割成了独立的章节而没有探讨其相互关系”。这一编写形式会使学生对旧知识与新知识之间的联系或差异产生认识上的困难。以《新世纪高校英语》教材为例，其编写形式以文本的主题为主线，每一篇文章独立阐述一个故事或事件，学生容易将每个单元的学习独立分割，从而无法将语言知识融会贯通。然而英语教学是一个连贯的过程，每堂课的教学内容并非是独立于之前的教学内容存在的，它都是在学生已掌握的语言知识基础上构建新的教学目标。

为此，奥苏泊尔还提出了“先行组织者”这一概念。先行组织者是指学习材料之前提供的相关的、包容性的材料，它的作用在于缩小学生已知的与需要知道的内容之间的差距。格雷布（Grebe）认为，在学生阅读的过程中，文本中的一些单词或词组会激起学生对之前已学过的某些知识的复现，而阅读的过程是读者已学过的知识同阅读文本的信息相融合的过程。

因此，在教学中，教师可以通过多媒体的辅助，利用图片、视频等方式，直观地向学生提供易理解、易感知的引导性材料，或是有意识地通过材料建立起学生对于新的阅读文本同已阅读过的文本间的联系。教师甚至可以打破教材编写的顺序，将文体一致、主题相似的文本放在同一阶段让学生阅读，利用比较的方式，通过已学习文本的知识呈现新的文本学习材料，加深学生对新知识的理解。运用先行组织者策略，可以激活或唤醒长时记忆中有关的知识、经验和表象，为旧知识向新知识的顺利迁移架设沟通的桥梁。

第三节　高校英语阅读课堂导入的建议

一、遵循基本的原则

虽然高校英语课堂导入占有的课堂比重较轻，通常仅占课堂开始的 5~7 分钟时间，但是其效果却因教师导入方式、导入手段的不同而大相径庭。无效的导入反而会浪费课堂的时间，打乱课堂节奏，对学生的课堂学习产生负面的影响。因此，英语课堂导入必须根据课程内容、学生的心理特点等遵循以下原则，如高效紧凑的原则，形式多样、针对性强的原则，以学生为主体的原则等。具体内容如下所述。

（一）高效紧凑的原则

导入作为课堂的第一个环节，其主要的目的在于吸引学生的注意力、调动其学习兴趣，为课堂的核心内容做铺垫。因此，导入的时间不宜过长，通常以 5~10 分钟为宜。在实际教学中，有些教师往往在导入阶段一味追求其趣味性，为学生创设大量的情境，精心策划一系列活动，却没有真正引发学生的思考。例如，在教学 What is advertising 一文时，教师通常会在导入时向学生展示各类广告照片以及广告的视频，如果只是一味地大量展示而毫无引导，其作用仅仅是激发学生的兴趣，却难以激发学生的思维。这样做反而会浪费课堂教学时间，甚至分散学生的注意力，使得随后的教学内容难以充分开展。因此，教师在安排教学内容时，不要让导入环节喧宾夺主，应在较短的时间内合理设计导入，让学生迅速进入学习状态。

（二）形式多样、针对性强的原则

课堂导入的目的之一就是提高学生的学习兴趣，吸引其注意力。如果教师反复使用同一种导入形式，会使课堂导入成为一种模式化的教学，从而降低学生的学习热情。久而久之，学生会在课堂一开始就产生倦怠的情绪，不利于教师的教学。更为重要的是，对于不同的文本内容，其教学的重点也应有所不同。对于课堂教学而言，教师有义务为学生设定阅读的目标，即教师需要向学生明确其在阅读时所扮演的“角色”。有学者则指出，在阅读教学时必须“定义读者”（define the reader）。不管教师以及学生将自己定义为哪一类读者，都会对其阅读的方式、阅读后的收获有所影响。如果学生在阅读时将文本看作语法学习的范文，那么其阅读的意义就停留在语法学习上。如果学生将文本视作佳作进行赏析、分析，那么在阅读的过程中，他们便能够读出更多的内涵，甚至结合自己的经验对文本有更深层次的感悟。

为此，教师必须在课前分析文本，针对不同的文本，找到教学的侧重点，明确学生阅读的目的，运用不同的导入形式，以提高导入的有效性。如果教师将课堂的教学目标定义为通过阅读中反复出现的语法现象来学习这一语法知识，那么课堂导入就可以针对语法教学。对此，教师便可以通过知识迁移导入，利用已学过的语法知识进行引入。

对于一些文学类的文本，其句法结构并不复杂，词汇量也并不大，学生虽能够通读课文，却往往无法体会文章背后的深度。如果学生对文本的背景知识一无所知，教师就需要在导入环节加以补充说明，从而帮助学生在阅读时更好地理解文本。

有学者认为，学生在阅读文本前应对文本内容有大致的了解，因为不同的社会和时代背景会影响文章理解的各个因素。对于一些科普性的文章，由于主题较生僻，学生在理解时可能有困难，所以教师应在导入时侧重背景知识的补充。然而，对于一些词汇量较大、句法结构较复杂的文本，教师可以将导入的重点放在对生词和句法结构的梳理上。对于一些较贴近学生日常生活的文本，教师则可以为学生创设类似的情境，让学生通过对话、小品等形式自然地进入课文的学习。这样，教师在课堂开始的时候便将学生由被动听讲变为主动参与。一方面，调动了其参与课堂的积极性；另一方面，也为其提供了口语操练的机会。

针对不同的文本材料，教师需在教学前研读文本，找出针对性的导入方式，使得导入能够发挥其实效。

（三）以学生为主体的原则

《普通高校英语新课程标准》强调了“以学生为中心”的教学原则，因此在教学过程中，教师教的出发点和终点始终是学生的“学”。导入作为课堂教学的一个环节，并不是孤立存在的，其最终目的是使学生更快进入课堂学习氛围。因此，在教学过程中，教师必须注意发挥学生的主体性，考虑学生的实际生活和学习需要。

在设计阅读课堂导入时，教师必须考虑学生的学习能力、学习方法、生活经验，甚至是学生个体的学习兴趣、学习动机等。克拉申的第二语言输入假说认为，第二语言的习得是通过接收“可理解的输入”（comprehensive input）来进行的。克拉申认为，如果学习者现有的水平为“i”，那么真正能促进其语言习得的输入为“i+1”。也就是说，只有当语言学习者的第二语言输入略高于他现有的语言技能水平，且学习者能把注意力集中于对意义或信息的理解而非形式的理解时，语言的习得才能实现。因此，教师在教学时要针对学生的学习水平来设计教学任务，在学生原有的语言能力水平的基础上增加一定的难度。这样一来，学习任务对学生而言就显得充满挑战，但又并非不可解决。因此，教师在设计导入活动时，首先需要了解学生已达到的学习能力。

其次，由于高校英语文本内容丰富，涵盖了生活的方方面面，所以针对学生的生活经验设计课堂导入十分必要。如在教授“Shopping in the States”这篇文章时，教师就应当考虑到学生的生活体验。对大部分学生来说，可能没有经历过去美国购物的体验，如果教师一味让学生谈论美国的购物情况或购物体验，就会使大部分学生无法参与其中，反而分散了学生的注意力。因此，在进行导入时，教师可以学生在国内的购物体验或是就其印象深刻的一次购物进行话题式导入。

最后，阅读教学与其他几种语言技能的教学相比，就显得尤其枯燥。学生在口语课堂教学中，有较多的机会利用对话进行互动，因此课堂学习气氛很容易就能被教师带动起来。阅读教学的互动是学生与文本作者之间的，缺乏面对面的交际，容易使人产生厌烦的心情，从而不利于阅读的顺利进行。相比听力以及写作教学，大学生要阅读的文本长度远远大于这两者，因此很容易引起学生的厌烦情绪。对此，教师在授课时，应当充分考虑到学生的情感因素；应当针对青少年的心理特征以及兴趣爱好，利用导入这一环节来提高学生的学习兴趣。

二、对于提高阅读课堂导入效率的建议

对于提高课堂导入的效率，教师在设计、实施导入的过程中仍有一些值得注意的问题。且根据以上六则不同的导入案例，笔者有针对性地提出了一些建议。首先，在设计课堂导入时，教师应当充分考虑文本内容的难度，对于难度较大的文本，安排适当的课前预习任务。同时，教师可以根据不同的文本内容对文本教学的顺序做一定的调整，以提高教学质量。在实施导入的过程中，教师也应当充分调动每一名学生的积极性，争取让每一名学生都能参与到课堂活动中，最大限度地发挥导入的作用。最后，教师应当避免为了导入而导入的情况发生，切实根据教学内容、学生情况进行导入，并且不断地丰富自身的教学素养，拓宽知识面，真正有效地提高阅读课堂导入的效率。其主要体现在以下六个方面。

（一）适当调整文本顺序

教师往往在语法教学时才会使用温故导入，如通过现在进行时的复习，引出过去进行时。然而对于阅读文本教学，教师同样可以利用温故知新的形式，根据文本的体裁、内容等之间的联系，设计导入。例如，对于文学性体裁的文章，为同一个作家所写，教师就可以通过作家的写作风格以及时代背景等进行温故导入。对于文本内容相似的文章，教师也可以通过对已学文本的复现、讨论进行导入。教师在利用温故导入前，可以对文本的学习顺序进行重复，将联系密切的文本放在一起，按先后顺序进行教学。此外，教师在“以旧引新”导入的时候，必须要明确，导入的目标是让学生更顺利地掌握新的知识。因此，旧的知识仅仅是作为一种辅助手段，让学生能够通过回

忆、复现已学过的知识，自然地过渡到对新知识的学习。所以，教师不必将太多时间用于全面的复习及巩固，以免喧宾夺主。

（二）利用预习为学生降低文本阅读难度，提高导入效率

对于一些话题较为生僻或是难度较高的文本，教师可以事先安排学生做一些预习的工作。然而从传统的英语教学来看，英语的预习工作大部分都停留在对字词的理解、掌握上，教师布置抄写的任务，要求学生事先掌握文本中出现的新词汇。长此以往，会使学生失去通过上下文意思猜测生词的能力，从而造成学生一看到新的单词就会产生对文本阅读的恐惧感。有些教师在布置预习作业的时候，就让学生通读文本理解文本意思。这样就失去了一部分阅读教学的意义。对此，教师可以改变传统的预习习惯，引导学生在课前查找同文本主题相关的材料。

学生在查找资料的过程中，势必会遇到一些新的词汇。而为了理解相关材料的内容，学生会主动地查阅字典，了解相关意思，这样在不知不觉中就增加了其词汇量。最重要的是，查找资料的过程也是阅读的过程，学生需要了解许多信息，并从中撷取有用的内容。这一过程不仅能锻炼学生的阅读能力，还培养了学生自主学习的能力。充分的课前预习能够帮助学生事先了解话题，让他们在课堂活动中有所发挥，还可以帮助教师更顺利地进行阅读教学。

（三）可利用导入为学生扫除阅读时的词汇障碍

对于一些词汇量较大的文本，教师在导入时应侧重于为学生扫除词汇障碍。一方面，大量的生词会直接影响学生对于文本的理解；另一方面，过多的词汇会使学生在阅读过程中产生焦虑感，从而对文本阅读产生厌倦的情绪，并不利于培养学生的阅读兴趣。

在导入过程中，教师首先应当避免枯燥的词汇教学方法。如果只是一味地要求学生听读、默写单词，那么学生就会失去对课堂学习的兴趣。教师可以通过“头脑风暴”的形式，利用学生的发散思维，为学生构建一个词汇的框架。在这一形式的教学过程中，学生一方面能够学习到新的词汇，另一方面旧的知识又能够被重新激活。此外，教师还可以通过游戏的方法，让学生在轻松的氛围中掌握词汇。在词汇导入的过程中，教师还应当避免过多教授字词的用法。教师应当明确，阅读课堂词汇导入的目的是让学生能够顺利地进行阅读，而非熟练掌握字词的用法。因此，教师需要摆脱传统词汇教学的方式，通过各种不同类型的活动形式，提高学生的学习兴趣，帮助其扫除由词汇产生的阅读障碍。

（四）合理有效地组织教学文本

在教学中，教师应合理组织安排课堂活动形式，提高学生的参与度。虽然教师教学的主要材料是文本，但是阅读课堂教学的活动不仅仅是阅读。在导入时，教师可以

组织多种多样的教学活动，全面调动学生的感官。利用话题导入，不仅可以激发学生的兴趣，还可以使学生其他方面的技能得到锻炼。因此，在实施课堂导入这一教学环节时，教师应当注意合理地组织教学活动，使导入能够有效展开，并且使每一个学生都能参与到话题的讨论中。这就需要教师合理地组织课堂导入活动，并给每一个学生提供参与话题讨论的机会。尤其是对于学生人数较多的课堂，教师可以利用小组形式来组织教学。一方面，小组形式可以培养学生的团队合作意识；另一方面，可以避免仅仅只有个别学生能够发表自己观点的现象。除了口语的操练外，教师还可以将话题讨论落实到笔头书写。在小组讨论过程中，教师可以请一些性格较内向，或是口语表达能力较弱的学生负责文字记录工作。这样一来，就可以避免在讨论中一部分学生因为能力有限而不能参与其中。对性格开朗，有较强表现欲的学生，可以负责表述、口头汇报的工作。由于话题导入这一形式较为开放，因此在教学活动开展的过程中，教师需要时刻关注学生的讨论情况，控制好班级纪律，引导学生围绕话题展开讨论。

（五）科学有效地使用多媒体等现代信息技术

随着科技的发展，以及学校硬件设备质与量的提升，越来越多的教师也喜欢将多媒体这一技术用于课堂导入。因为其操作方便且丰富多样的形式容易激发学生的学习兴趣。对此，教师应当注重对媒体的形式以及导入内容的选择。对于阅读课堂教学而言，不适当的多媒体导入很有可能会破坏学生对文本的理解，甚至分散学生的注意力，破坏课堂纪律，打乱教师的课堂教学节奏。例如，对于一些经典文学作品的选段，教师则往往在导入时给学生观看翻拍的电影选段，从网上下载的电影选段都有中文字幕的标注，学生在观看时，可以凭借中文字幕理解电影片段。播放完影片后，教师便立即切入主题，开始文本内容的教学。这样的导入只会破坏学生的初次阅读，学生对文本的理解可完全参照其所看到的影片中的一幕幕场景以及所提供的字幕，甚至不需要通过阅读来理解文本内容。因此，教师在利用多媒体进行阅读课堂导入前，必须对导入的内容和形式加以选择。多媒体导入不仅仅是课堂开始时几分钟的哗众取宠，有效的多媒体导入应当牢牢抓住学生的注意力，并且能够为学生的阅读起到推动作用。

（六）应当不断完善自身的综合素养

不同于传统的英语课堂，教师扮演着课堂的权威，在以学生为中心的课堂给予了学生更多参与讨论、发表意见的机会，使得教师受到来自学生的更多挑战。信息时代的到来，使得学生有能力从各种渠道获得丰富的知识。教师只有不断扩充自己的知识面，才能在面对挑战时充满自信。无论是为学生补充文本的背景知识，还是为学生构建一个相对真实的情境，都需要教师拥有足够的知识储备。对此，教师可以通过观课吸取其他教师的教学智慧，也可以通过备课组活动、教研活动分享各自的教学理念，更应该通过广泛的阅读来充实、丰富自己的知识面。

第八章　图式理论的概念解读及其分类

本章从宏观上对图式的定义、图式理论的产生及发展历程进行概述，然后在梳理已有文献资料的基础上，在对国内外学者一致认可的图式理论分类内容进行介绍，并指出图式理论所具有的功能。

第一节　图式理论的概念及其发展历程

一、图式理论的概念

（一）图式的界定

“图式”（schema）一词最初是源于希腊语，而最早提出这一概念的是德国哲学家康德，首次提出是通过其著作《纯粹理性批判》将“schema”翻译为“图式”这一概念。康德指出：“所有的概念其本身并没有任何的意义，要具有意义，概念就必须与理解者已经掌握的知识具有一定的关系。概念存在于记忆中，而这种存在绝不可能是完全孤立没有联系的。各种概念只有通过相互联系才能长久地储存在记忆中，而这种联系之间的关系就是图式结构，换句话说就是图式，它可以反映事物在现实世界中相互联系的关系。”[①] 英国现代心理学家 Bartlett（巴特利特）应用并进一步发展了图式概念，他在其《记忆》一书中对“图式”的概念做了如下描述：“图式是对过去经验的反映，或对过去经验的积极建构。”[②]

图式作为一个正式的术语，是由瑞士心理学家皮亚杰提出的，他指出“图式是在主体与环境的相互作用下相互发展的”。他眼中的图式是一种认知结构，是思维或动作的一种组织化模式。在他看来，学生生来就具有某种认知结构。通过对学生认知发展的研究，皮亚杰提出三种认知图式，即动作图式、符号图式和运算式。然而，他所提出的认知图式在强调动作和活动的作用时忽视了社会文化和教育对人类发展的重要影响。

随着现代认知心理学的产生，安德森（Anderson）认为，“图式是读者在阅读过

① 伊曼努尔·康德．纯粹理性批判 [M]. 李秋零，译．北京：中国人民大学出版社，2004.
② 弗雷德里克·巴特莱特．记忆 [M]. 黎炜，译．杭州：浙江教育出版社，1998.

程中用先验的知识去理解文章中出现的抽象知识概念”；鲁梅尔哈特（Rumelhart）认为，“图式就是积聚在一起的知识单元，是认知的建筑积块。图式中的每个组成部分构成了一个空档，当图式的空档被读者所接受的具体信息填充时，便形成了图式”；而库克（Cook）将图式称为大脑中的先有知识或背景知识。可见，不同理论家从不同的角度对图式下了定义。本书结合前人的研究将图式概念定义为：图式是读者把所学到的知识以某个主题相互联系起来而形成的知识单元；图式则是由一个字符或几个子图式组成，具体的图式包括生活经历和事物的特征，而抽象的图式则是关于意识形态和文化观念方面；图式是一个有机的整体，它是按照一定规律构成的，其加工过程是通过对信息进行比拟、优化、评价、决策的过程。

（二）图式理论的产生

图式理论的形成是源于20世纪20—30年代的格式塔心理学，格式塔是从德语“Gestalt”音译过来的，其含义是“形状、形式”。图式理论产生之初的主要代表人物是英国心理学家巴特利特（Bartlett），他被称为“图式理论之父”。巴特利特指出，“对获得的材料的重建和改造受读者先前经验的影响，这对于读者学习新信息，以及怎样将这些信息丰富到自己的知识库中去起到了重要的作用。”之后，在20世纪40—50年代，图式理论被当时盛行的行为主义和实证论所替代，暂时处于停滞研究状态。

二、图式理论的发展历程

现代图式理论是认知心理学兴起后，于20世纪70年代中期产生的。现代图式理论吸收了理性主义关于心理结构的思想和经验主义关于过去经验对心理具有积极影响的观点，同时又结合了信息科学和计算机科学的发展，以及心理学关于表征的研究。其主要代表人物是鲁梅尔哈特（Rumelhart）和明斯基（Minsky）等人。鲁梅尔哈特（Rumelhart）提出“图式理论模式”，并在此基础上完善了图式理论，可以说是“图式理论”的起源。他这样解释图式理论：“以等级形式储存于记忆里的一组相互作用的知识结构。人的头脑里已有的图式会影响或支配他对于新信息的获得，因而当人们认识新事物时，总是设法将其与已有的事物联系在一起，以促进其对新事物的理解。”而明斯基（Minsky）则提出用“框架”来表达知识观点的看法，他认为“知识是以数据结构的方式储存于记忆之中”。最终于20世纪70年代后期开始，读者所具有的文化背景知识在图式理论中越来越被重视。

尽管图式理论在20世纪70年代末已经基本发展成为成熟的理论，但有关图式概念的争论却没有就此停止。由于各方面的专家学者研究的角度、兴趣和所属领域的不同，对于图式的理解也各有侧重和区别。除了上文提到的巴特利特（Bartlett）和鲁梅尔哈特（Rumelhart）的定义外，还有许多为人们广泛讨论或接受的概念，现列举如下：

卡雷尔（Carrell）认为，“图式就是‘acquired knowledge’，也就是‘已经获得的知识’”。他认为，“大脑中已经存在的知识都可以被称为图式。”①

皮尔森（Pearson）认为，“图式是当人们接触到（读到或听到）某些信息时，大脑中所产生的相关想象或联想。”②

虽然上述学者在关于图式的定义在表述和用词上有所不同，对于图式的理解也各有侧重，但从总体来看，他们对图式内涵的基本观点是一致的，没有偏离“知识”和“结构”这两个关键词。通过对众多文献的查阅和各种定义的思考与总结，本书认为“图式”是一个人已有的知识在大脑记忆中有组织、有结构的存储。比如，一个人具备某方面的知识，那么这些知识本身和它们在记忆中的存储结构就是这个人在这一方面的图式。也就是说，一个人的知识便是他各个方面图式的总和。可见，图式理论在人对事物的理解和交际中起着至关重要的作用。

第二节　图式理论的分类及其功能

一、图式理论的分类

就阅读而言，通常情况下，读者在阅读过程中会有三种类型的图式参与进去，并在阅读过程中对读者的理解产生不同的作用。它们分别是语言图式（linguistic schema）、内容图式（content schema）和形式图式（formal schema）。其中，语言图式指的是各方面的语言知识所必须具备的基本词汇、语法、句型等语言知识，这些均是顺利阅读的基础条件，是内容图式和形式图式有效发挥作用的前提。内容图式是指读者对文章主题所属的知识领域或相关背景知识的熟悉程度。若读者仅具有一定的语言知识，对内容图式没有掌握，那么阅读依然无法顺利进行。形式图式，也有学者将其称为修辞图式（Rhetorical schema），指的是文章体裁形式和结构方面的知识。然而，对形式图式的有效把握，可以帮助读者从宏观上把握文章的整体结构。在阅读的过程中，这三种图式并不能孤立的存在，独自发挥作用，三者应是相互作用、相互促进的。以下对三种图式的内涵及其在阅读中的工作原理做具体说明。

① Patricia L.Carrell.Three Components of Background Knowledge in Reading Comprehension[J]. Language Learning.1983，33（2）.183-203.

② Pearson，P.D ，Barr，et al.Handbook of reading research[M].Lawrence Erlbaum Associates Inc.Publishers，1984.

（一）语言图式

英语语言知识在阅读中的重要性是不言而喻的。阅读的过程开始于对阅读材料文本信息的输入解码。只有当文字信息在语言知识的作用下解码为读者能理解的具体意义时，读者所具有的其他相关背景知识才有可能被激活，从而帮助读者理解阅读材料。一个英语阅读者如果在阅读时没有基本的英语语言能力，那么英语阅读就无从谈起。比如，让英语初学者读一篇描写有关中国端午节风俗习惯的语言难度较大的英文文章，尽管学生对端午节的风俗习惯了如指掌，可语言知识的不足还是会阻碍其阅读过程的顺利进行。因此，对英语作为第二语言的学习者，具备一定程度的语言能力是激活其相关图式的前提条件。否则，即使有丰富的内容图式，阅读技巧娴熟，阅读材料的信息也并不会绕过语言本身传达给读者，最终还是会因语言上的不足而导致跨文化交际的失败。如果学生缺乏必要的语法知识，对长句或难句就无法理解。

例如，学生不知道虚拟语气“should have done”应翻译成“本应该做，但结果却没做”，所以他们就很难理解以下这个句子“He should have had the letter typed，but he decided to handwrite it and send it in person in order to show his sincerity”的含义为“他本应该打好这封信，但是他决定手写并亲自送去，这样能表现出他的诚意”。

语言知识是阅读者对其阅读内容进行阅读理解的基础，如果读者自身不具备扎实的语言基础知识，那么在阅读过程中就会觉得满篇都是生词，满眼都是难句。在这种情况下，阅读理解是没有办法正常进行的。而在其他知识和能力相同的情况下，语言水平高的读者比语言水平低的读者阅读速度要快，理解也更准确。尽管如此，我们也不要忘记：理解一个个单词的意思就是理解整个阅读材料，过多地强调语言知识，往往会导致读者不去关注文章的整体，这样会导致阅读速度减慢，造成理解的偏差。

（二）内容图式

内容图式指的是读者对文章主题所属范畴和相关背景知识的熟悉程度。因此，内容图式又被称为“主题图式”。有不少针对阅读过程的研究发现，内容图式对文章的理解起着非常重要的帮助作用。而读者对文章主题有关内容和背景知识的熟悉程度，在某种程度上决定了其对篇章信息的理解程度。

若读者具备与阅读材料主题相关的背景知识，那么这些背景知识势必会在阅读过程中帮助读者正确理解阅读材料，甚至还能帮助读者推理出阅读材料的言外之意。例如，“At the appearance of the star，the entertainment reports rushed towards her with microphones and cameras in their hands.”这句话从字面意思来看是：那位明星一出现，娱乐记者们就拿着话筒和相机一拥而上，朝她扑去。而在被问及学生能从这句话中获取怎样的信息时，几乎所有的学生都能做出如下理解和预测：这些娱乐记者想要对这位明星进行采访和拍照；这位明星近期应该有新的作品或是有关于她的绯闻；有的学生甚至联想到工作人员会将记者们拦住，帮助这位明星离开现场的场景。而这些都是文本信息自身没有体现的，也就是说，对于这句话的理解有很大部分都是学生已有的背景知识和以往经验在起作用。反之，如果读者缺乏对相关的背景知识的了解，那么即使具备足够的语言知识，阅读理解依然可能存在问题。对于文化性和专业性较强的阅读材料尤其如此。由此，我们可以大胆地推断：若缺少背景知识或者不能弄清英语与汉语的文化差异，那么读者肯定不能在阅读材料和头脑中的图式之间建立起正确的联系，从而就会用自己的想法或者观点去代替作者的观点和看法，这样就会产生许多误解。因此，学生的内容图式是不可或缺、不可替代的。

对于把英语作为第二语言来学习的中国学生来说，他们缺乏足够的语言知识做基础，在这种情况下，文化背景知识对阅读理解的作用就非常重要了。当读者具备相应的内容图式知识并形成一定的理解与思维模式时，即使是在文章中遇到不懂的词句，也能根据大脑中已储存的文化背景知识来对理解模糊的地方做出推测，紧接着在继续阅读中对自己的推测进行验证和修改，从而提高阅读效率和理解的准确度。所以，内容图式以语言知识为基础，又在很大程度上弥补了语言图式的不足。从这个意义上来说，英语教学不仅是语言教学，也是一种文化教学。

通过以上的讨论，笔者认为高校英语教学不光是语言教学那么简单，而了解语言所承载的文化信息才是语言学习的最终目的。因此，在平时的阅读教学中，教师有必要注意向学生介绍相关的文化背景知识，培养学生有意识地获取和利用文化背景知识的习惯。随着学生背景知识积累得越来越丰富，涉及的领域越广泛，自主阅读自然会更加顺利，理解程度也会更深入。同样，学生要想提高英语阅读水平，只在词汇、语法上下功夫是远远不够的。要想让阅读变得容易，不仅要在语言知识上下功夫，还应注意文化背景知识的补充。作为英语教师，不应只关心学生语言技能的发展，还应该注重英语国家文化背景知识的丰富和补充。

（三）形式图式

在阅读时，必要的语言知识和背景知识会保证读者准确地理解文章信息，而形式图式则会帮助读者快速地理清文章的整体结构。这就为快速定位和预测信息制造了便利，而对文章体裁形式的理解也会帮助读者明确作者写作意图、情感态度等更为深层次的信息。正如胡春洞、王才仁所说：“具备篇章知识便能促使读者拥有好的阅读效果。无效率的阅读很有可能是因为篇章知识的缺乏。”[①]在阅读的过程中，如果读者缺乏形式图式，缺乏阅读的技巧，那么他们就不会知道文章的篇章结构也能帮助理解知识。新学的知识也只能在头脑中凌乱的存在，而不利于长久记忆。然而，一个拥有丰富的形式图式的读者，会很熟练地运用篇章结构来理解文章内容，阅读的效果可想而知，

① 胡春洞，王才仁主编；胡春洞著．英语学习论 [M]. 南宁：广西教育出版社，1996.

一定会好于前者。除此之外，他们的记忆量也会因为知识在头脑中的有序排列而增加，并且能够长时间保存。

特定的内容往往需要特定的体裁结构来表现，只有熟悉了各种体裁文章的结构模式，读者才能从阅读材料中捕捉到相应信息，填充图式的“空档”，变消极的被动型阅读为积极的参与型阅读。即使面对篇幅较长、内容较为复杂的语篇也能够做到居高临下，始终预见和把握文章走向，大大提高阅读速度和理解的准确性。由于写作意图不同，作者所采用的文体必然不同，信息呈现方式也会不同。

英语文章文体是多种多样的，说明文、议论文、记叙文、应用文等是大学生常见的文体。不同的文体有不同的特点，如议论文有论点、论据、论证；记叙文一般是按照特定的顺序进行叙述，如时间顺序或事件发展的先后顺序，又或者按照记叙文的六要素（时间、地点、人物、起因、经过、结果）来展开；在写说明文时，作者多采用举事例、分类别、列数据、做比较、画图表、下定义、做诠释、打比方等方法展开说明。读者对文体的结构越熟悉，阅读时就越能在宏观上把握文章的结构脉络。文章结构清楚了，关键信息的分布就会显而易见，作者的写作思路和写作意图也会逐渐地浮现出来。因此，要想顺利地理解各种不同体裁的文章，掌握不同文体的写作布局特点就是一条捷径。反之，如果读者缺乏相应的形式图式，就无从把握文章的整体结构及脉络，也就很难对文章的发展做出合理的预测。在遇到段落多、词汇量大的文章时，往往会觉得手足无措，力不从心；在回答有关文章结构或意图预测的阅读试题时，也会找不到头绪。

而掌握形式图式的优势在于对文章宏观上的预见和把握，尤其是在面对篇幅较长、内容较为复杂的文章时，这种优势会更为明显地体现出来。文章体裁和篇章结构是阅读篇章的骨架，在阅读的过程中也起着重要的作用。因此，教师在阅读课堂中应该选取各种体裁的文章进行训练，并将各种文章体裁、结构、修辞作为讲授的重点之一，加以强化；在指导阅读的过程中，也要注意对学生形式图式的激活、补充和构建。尽管阅读材料的内容千变万化，但语篇的结构是有限的，思维模式也不是无穷无尽的。因此，只要我们拥有了丰富的形式图式知识，就能以不变应万变。由于阅读材料不仅是语言模式，还是传递信息的语篇，所以对文章的分析不能仅仅停留在语言的表层结构上，还应进行语篇分析。

以上介绍的三种图式在阅读过程中各有分工，是相互联系的关系。内容图式和形式图式以语言图式为基石，语言图式以内容图式和形式图式为补充。阅读中，这三种图式的相互作用程度决定了读者对文章的理解程度。因此，想要提高英语阅读的能力，三个方面的图式缺一不可。同时，在平时的教学中，教师应注意从图式的三个层面出发，激活并构建学生图式知识，从而达到以图式理论指导教学的目的。

二、图式理论的功能

现代的图式理论和阅读理论则认为，语言文字只是一些符号而已，某一个字或某一个词本身并没有含义，只是它们在一定的语言环境中被使用了，就会产生一些含义。然而，阅读活动实际上是读者根据自己头脑中已经存在的知识，对阅读材料进行理解的过程。在图式理论中，这种理解的过程指的是阅读材料中的某些信息激活了读者头脑中已有的相关信息，从而就产生了理解。如果读者对阅读材料理解到一定程度，就能促进其对段落的中心意思或整篇文章主旨的掌握，这样就使阅读材料的篇章结构得以呈现，同时篇章结构的掌握又能促进对阅读材料中的陌生字、词、句的理解。可见，在阅读活动中，三种图式之间的相互作用对有效阅读能产生好的作用。

（一）选择功能

图式的选择作用是指在阅读理解过程中，对输入材料的加工有所选择。这主要体现为两个方面：一方面是对图式所产生的预期做出证实性的选择；另一方面是对输入材料加工重点的选择。输入读者大脑中的信息重要性具有不同的等级，有些处于中心地位，有的则围绕这个中心存在于周围。而图式能够帮助读者选择其中重要或者不重要的内容。这正是因为图式是一种有层次的结构，可以在恰当的时机帮助读者总结和概括所读到的信息。

（二）预测推理功能

图式理论的预测推理功能则指的是读者根据已有的知识和经验，对一些事物进行预测、推断。在英语阅读理解中，一些材料中的语言表达所传递出来的信息很少，或者说很隐晦，使得学生在回答问题时无法从材料中直接找到答案，尤其是一些考查态度类型的题目，更是不易做出判断。此时，如果学生能够根据已读信息激发头脑中的相关图式，对阅读材料进行进一步预测、推理，对文本内容有更精确的理解，那么在回答问题时就能够找到精确的段落。

（三）信息处理功能

图式的信息处理功能就是要对输入材料的选择、加工、补充、判断和推理。在阅读过程中，读者首先根据头脑中的已有图式知识对阅读材料进行加工选择。阅读材料在读者的头脑中是以层级分布的，就像一棵大树，树根是中心部分，也是阅读教学的重点知识；树干是支撑部分，细节教学都是围绕中心进行的；而树枝和树叶则是这些支撑的详细内容，却也是在阅读过程中常常被忽略的内容。所以，在英语阅读过程中，学生都是利用图式对阅读材料进行选择加工的，并与头脑中已有的图式相结合，以此为基础构建新的图式。

（四）记忆组织功能

图式的记忆组织功能主要是指图式有助于读者更好地记忆阅读材料，并在此基础上激发头脑中的已有图式，构建新的图式。由于图式是按照一定的规律构成或按照一定顺序排列在一起的，因此图式可以帮助学生更牢固地记忆先前学过的英语知识，并且能依据规律来拓展学生的阅读视野。头脑中已有的图式知识在一定程度上能够起到促进学生理解语言的作用。读者对阅读材料理解得越深刻，记忆的时间就会越长，这是由于读者会根据记忆对信息进行了重新组织，并且和过去的经验相结合。这给了广大英语教师一个提示：可以利用图式的这种特点，帮助学生系统地回忆以往所学过的阅读材料中的各种图式信息。同时，也可以鼓励他们去自主地丰富教材中没有但与之相关的阅读信息，并督促学生去重新建立那些已经遗忘的知识结构。

（五）优化输入功能

认知心理学认为，认知过程是一个信息加工的过程，英语学习必须要有足够的信息输入，并在输入足够的语言信息的基础上通过内化语言规则的释意活动输出。对于阅读语篇的理解（语言输入）有两个层次，首先是枝干、枝叶理解，即对文章表层的理解；其次是文章的深层理解，即对作者写作意图及文章所表达的思想的理解。图式在阅读理解过程中起到辅助网络的作用，用它来呈现文章的结构脉络，能培养学生的扩散性思维和语言运用能力。

（六）挖掘内涵功能

英语教学的指导思想是把英语教育看作是发展智力和渗透思想的综合体。图式教学在展现文章脉络的同时，把文章主人公的个性也活跃于纸上，以人物为线分析其个性及行为，提高学生对人和事物的正确认识，并逐渐养成良好的品质和高尚的道德情操。由此可见，将图式理论运用到高校英语阅读教学中是可行的。在传统的高校英语阅读教学中，教师一讲到底，忽视了丰富学生的篇章知识，忽视了阅读策略的教授和训练，忽视了学生的主体地位，导致学生的语言图式、内容图式及形式图式非常缺乏，导致学生在阅读英语材料时极易产生误解，甚至是完全不理解。因此，应在阅读前帮助学生丰富各种图式，在阅读中去促使三种图式相互作用，在阅读后通过图式的特点来巩固新获得的知识信息。在与传统高校英语阅读教学法的比较中，图式理论指导下的英语阅读教学法有很大的优势。可以毫不夸张地说，图式知识能够在很大程度上帮助学生理解、学习和记忆信息。可见，图式阅读理论在培养和提高学生的阅读能力方面具有不可低估的价值。

第九章　高校英语阅读教学中应用图式理论的必要性和重要性

本章主要阐述的是图式理论运用到高校英语阅读教学中的必要性和重要性，主要从五个方面进行介绍：第一，就图式理论和阅读理解的关系进行详细说明；第二，对必要性进行分析，指出当前高校英语阅读教学中存在的问题；第三，在图式缺失的条件下大学生英语阅读学习障碍进行分析，说明图式理论指导阅读教学的紧迫性；第四，综述图式理论能够对高校英语阅读教学产生促进作用的理论基础；第五，详细地阐述图式理论对高校英语阅读教学所产生的积极作用。

第一节　图式理论与阅读理解的关系

一、传统阅读模式与图式理论阅读模式的区别

传统的阅读理论只是把阅读看作通过阅读文字能够了解他人所传递的信息，从而达到相互交流的一种行为，将阅读过程视为自下而上的理解文字的过程。而且这种过程是从最底层、最具体的图式调用出发的，从具体到抽象，从底层到较高层次，以深层次、较抽象的图式的形成结束。按照这种说法，学生在阅读过程中要想理解某一篇课文的内涵，就必须从这篇课文的字母开始，先整体上理解每个生词和句子的含义，然后在此基础上明白整篇文章的意思。如此，对某篇文章的阅读就成了对其语言的理解问题，学生在阅读过程中遇到的各种问题也被归结为语言问题，教学在阅读课堂上的教学重点也以语言理解为中心，可以说英语教师就是语法教师。

而图式理论与上述观点则不同，它们将对阅读材料的理解过程看作文本与读者头脑中已有知识经验相互作用的过程。这个过程包括激活并构建相应的图式，通过输入新信息而不断使图式具体化。其阅读过程不仅包括自下而上的语言理解过程，还包括自上而下的认识过程。所谓自上而下的认识过程，是指从高层次的图式和背景知识开始，通过对客观世界的预测、筛选和吸收来解释输入的信息。因此，在阅读过程中，

这两种信息处理方式在各个阶段、各个层次上是同时进行、互相弥补的。阅读不仅需要语言知识，还需要客观世界的知识和提取这些知识的阅读技能。

二、图式理论与英语阅读的内在联系

图式理论则认为，读者的阅读能力是由语言图式、内容图式和形式图式决定的。语言图式是指读者对构成阅读材料的语言的掌握程度；内容图式是指读者对文章内容范围的有关背景知识的熟悉程度；形式图式是指读者对文章体裁、逻辑结构、修辞方面的了解程度。读者大脑中的这些图式与文章的语言、内容和结构相互作用，便会决定其对文章的理解程度。语言图式是内容图式和形式图式的基础，因为调用任何内容图式和形式图式都必须具备一定程度的语言知识。试想一下，如果学生没有一点英语底子，即便他们对某一篇英语阅读文章的中文内容非常熟悉，他也无法读懂原文，这种情况下根本没办法回答相应的问题。

语言是学生学习英语最薄弱的环节，语言知识的不足会妨碍学生阅读技能的提高。因此，英语教师的首要任务是帮助学生扫除语言障碍，完善学生的语言图式，从而提高学生调用内容图式和结构图式的能力。同时，图式阅读理论认为文章的内容也是构成文章难度的一大因素。如果学生对文章的内容不熟悉，即使具备一定的语言水平，也会认为文章非常难懂。而一种语言并不是语音、词汇和语法的简单组合，它还在各个层次上体现着使用该语言的民族的文化。所以，外国文化背景知识是英语学习者内容图式的重要组成部分。如果对此缺乏了解，就会造成阅读困难。然而，内容图式在一定程度上是可以弥补语言图式的不足，帮助学习者预测、选择信息，消除歧义，提高学习者对文章的理解程度。因此，在英语教学中，教师要注意对英语国家的文化背景知识的传播，除了向学生讲解语言点外，还应时刻向学生提供相关的文化背景知识。此外，教师还应该培养学生调用内容图式的能力，教会学生利用文中已有线索，在大脑中已有图式的帮助下理解文章内容。根据图式阅读理论，形式图式也是影响阅读的一个因素，因为特定的内容往往需要特定的结构才能有效地表达。如果学生在阅读过程中能调用正确的形式图式，就能对文章的篇章结构、各段落间的逻辑关系有一个正确的预测，从而加强其对文章的理解。

总之，学生大脑中的图式越多，对文章的理解就越正确、越透彻，阅读能力就越强。因此，教师在英语教学中注重对语言图式、内容图式和结构图式等三种形式的综合运用，有助于学生阅读能力的提升。

第二节　现阶段高校英语阅读教学中的问题梳理

一、现阶段高校英语阅读教学存在的主要问题

为了更加全面地了解现阶段高校英语阅读教学过程中存在的各种问题，笔者以某中学为调查对象，试图通过对该中学高校英语阅读教学现状的调查与分析，探讨英语阅读教学中存在的问题并分析原因，从而为中学英语阅读教学提供了有效的建议。本书在借鉴国内外有关文献资料的基础上，通过对学生和一线教师的问卷调查及对师生的访谈了解到目前大学生的英语阅读情况，并发现存在的问题，这为后期提出更具针对性的教学对策提供了第一手数据支撑，提高了研究的可信度。

为了了解该中学的高校英语阅读教学现状，研究者自行设计了“高校英语阅读教学现状调查问卷”，调查问卷共 24 个小题，问卷的内容涉及五个方面：师生关系、教学目标（包括情感态度、阅读技能、学习策略和文化意识等四个方面的目标设置）、教学主体、教学资源和教学评价等。而本问卷听取一线教师的意见，是在参考众多相关问卷的基础上完成的。

考虑到大　新生刚入学时不适应，大四学生实习紧张不好开展，笔者选择了稳定性较好的大二、大三年级的学生，每班随机抽取 60 人，8 个教学班共 480 人。在排除没有交回问卷和无效问卷后，实际回收有效问卷 463 份，有效问卷回收率达到 96.4%。笔者结合对回收到的有效问卷的数据分析，将高校英语阅读教学过程中普遍存在的问题进行如下总结。

（一）师生关系方面：忽视和谐师生关系的构建

由于高校阶段的学生正处于生理和心理发展的时期，有迈向成人过程中那种渴望摆脱大人的掌控、独立不羁、不听教导的一面，同时这一时期也是一个人人生观和价值观初步形成的重要时期。因此，对处于这个特殊阶段的学生来说，教师要充分考虑到学生的个体差异，要时时提醒自己务必了解处于不同发展阶段的学生是有不同需要的，有些阅读教学的材料和阅读教学的方式并不一定适合所有学生，所以要坚持贯彻因材施教的教学原则。

师生之间的交往对师生关系的影响很大。在班级中，特别是在课堂教学中，教师和学生之间最好的交往方式是教师与每个同学都交往，同时每个同学之间也进行交往，师生交往与同学交往相结合。这种交往形式不仅有利于提高班级成员的积极性，便于迅速协调意见，使问题得到正确解决，还会增强教师在班级中的地位和威信，使师生

关系变得更融洽。但是，在实际进行阅读教学的过程中，很多教师往往更关注教学内容是否完成、语言知识目标是否达到、教学环节是否合理等方面，有时候就忽视了课堂上师生之间、生生之间的互动，使课堂气氛非常尴尬，只听得见教师在讲台上滔滔不绝地讲，至于学生是否真的听进去了，是否真的听懂了，则没有真正的关注。因此，为了解阅读教学过程中师生关系的现状，笔者特别设计了三个问题进行调查，调查结果如下。

（1）我的老师能够做到公平对待学生，理解和尊重学生的个体差异（　）。

A. 很少能做到（45.9%） B. 基本能做到（30.6%）

C. 做得很好（23.5%）

（2）我的老师能够设身处地地理解学生，有意营造宽松民主的学习氛围（　）。

A. 很少能做到（50.6%） B. 基本能做到（32.3%）

C. 做得很好（17.1%）

（3）我的老师能够关注学生的情感需求，在阅读教学中渗透对学生的情感教育（　）。

A. 很少能做到（70.4%） B. 基本能做到（18.3%）

C. 做得很好（11.3%）

分析：在第一题中，只有 23.5% 的教师能够做到公平对待学生，基本能做到的占 30.6%，而 45.9% 的教师很少能够公平对待学生，理解和尊重学生的个体差异。但在第二题中，只有 17.1% 的教师能够站在学生的角度设身处地地考虑学生的需求，并有意营造一种宽松民主的学习氛围，32.3% 的教师基本能做到，50.6% 的教师很少能做到或基本做不到理解学生，营造宽松民主的学习氛围。在第三题中，只有 11.3% 的教师能关注学生的情感需求，在阅读教学中渗透对学生的情感教育，基本能做到的占 18.3%，70.4% 的教师很少能做到这一点。在与部分师生的访谈中也印证了问卷调查的结果，在教学中很多教师却无法与学生建立和谐友好的师生关系。

这里既有学校课程安排没有时间让教师更多地接触学生的原因，也有教师自身的原因。教师一定要懂得只有“亲其师才能信其道”这个道理，只有让学生觉得教师是可以接近的、和蔼可亲的，学生才会乐于去学习教师所教的学科知识。因此，为了更好地发挥教师在教学中的影响力，教师就必须想尽办法去构建和谐良好的师生关系，营造积极愉快的教学氛围。

（二）教学目标方面：忽视阅读教学的多维目标

高校英语阅读教学的目标描述中主要涉及情感态度、语言技能、学习策略和文化意识等方面的要求。所以，在进行英语阅读教学时，教师首先应该确立多种维度的教学目标，成功并不只有一面，而是可以多角度、多方位地获得成功。这就好比是打靶，只有瞄准了靶心才可能打得准，教学目标就是阅读教学的靶心，其重要性由此可见一斑。

1. 情感态度教学目标

高等教育课程改革的一个重要方面就是要关注学生情感态度的发展，把培养学生良好的情感态度融入英语学科的日常教学活动。高校阶段是学生成长的关键期，学生独立思考问题的能力正在逐步形成，也是学生价值观形成的关键时期，所以教师应在教学过程中引导学生发展活泼开朗、积极向上的情感态度。首先，要了解学生的情感态度是指学生的兴趣、动机、意志力和合作精神等，这些因素都可以影响到学生的学习效果，这些因素其实都应该是教师在教授学生进行阅读的过程中有意识培养的结果。但是，在实际高校英语阅读教学中，教师对情感态度教学的目标并不明确，不太注重学生的兴趣、爱好、情感、态度等方面。对于这个问题，笔者设计的问卷调查结果显示如下。

（4）我的老师对于每节英语阅读教学中情感教学目标及要求（　）。

A. 都有很明确的情感教学的内容表述（13.6%）

B. 有时候明确有时候不太明确（20.5%）

C. 缺乏明确的教学目标及要求（65.9%）

（5）我的老师在英语阅读教授过程中对学生情感态度的教育（　）。

A. 把握得非常到位（16.1%）

B. 有时候会涉及（30.9%）

C. 很少关注到情感（53.0%）

（6）我的老师能够利用英语阅读课的教学帮助学生树立正确的人生观、价值观（　）。

A. 把握得非常到位（20.1%）

B. 有时候会涉及（34.2%）

C. 很少关注到这些（45.7%）

分析：从第 4 小题的统计数据中可以看出，课堂明确展示情感态度教育目标的教师仅占 13.6%，有时候展示情感教育目标的教师占 20.5%，多达 65.9% 的教师很少展示情感态度教学目标。第 5 小题的统计结果显示，在英语阅读课教授的过程中，对学生适时进行情感教育把握非常好的教师仅占 16.1%，有时候还会涉及的占 30.9%，很少关注情感态度教育的占到 53.0%。第 6 小题的统计结果显示，能够在阅读课教学中对学生进行人生观、价值观和世界观教育把握到位的教师有 20.1%，有时候会涉及的教师则占 34.2%，很少关注这些的教师占到 45.7%。调查结果和对部分师生进行的访谈显示，很多教师在平常的讲课过程中只是重视英语知识点的讲解，并不太重视依据阅读材料抓住时机对学生实施情感态度的教育。

2. 阅读技能教学目标

听和读是理解的技能，说和写是表达的技能，这四种技能在语言学习和交际中是相辅相成、相互促进的。听和读是前提，只有输入足够量的信息，读者才能形成自己的观点和理解。只有理解了，才能用所学到的语言把自己的所思所想表达出来，可以是口头表达，也可以是书面表达。而说和写反过来又促进学生能听得更容易、更准确。所以，学生的听、说、读、写这四个方面的技能最终的目的都是培养学生综合语言的运用能力，这四个方面并不是各自为营、互不相干的，而是相互影响、共同促进英语的学习。因此，为了去了解教学中教师是否重视学生听、说、读、写技能的培养，笔者设计了以下三个问题进行调查。

（7）我的老师对英语阅读理解文本的讲解重点放在（　　）。

A. 仅仅放在了语言知识上（46.3%） B. 语言知识和语言技能上（33.5%）

C. 语言综合运用能力上（20.2%）

（8）我的老师在英语阅读上对于阅读技能方面的培养（　　）。

A. 经常有意识地进行（24.5%） B. 有时候进行（30.9%）

C. 基本上不明确（44.6%）

（9）我的老师在进行英语阅读课文的讲授时，侧重点（　　）。

A. 仅放在“读”上（40.3%） B. 仅放在听和读上（35.6%）

C. 听、说、读、写综合上（24.1%）

分析：从这三道题的统计中可以看出，教师讲解的重点 46.3% 都是放在语言知识的讲解上，只有 20.2% 的教师把授课重点放在语言的综合运用能力培养上。而能够经常性地传授阅读技能方面指导的教师仅占 24.5%。教师在讲解课文时，很少注重培养学生听、说、读、写综合技能上的发展，仅有 24.1% 的教师注重。在对师生进行访谈时，学生反映很多教师注重对语言点的讲解，能把听、说、读、写结合起来的不多。同时，教师也有自己的无奈，即学生基础差，而课时又非常紧，如果非要生搬硬套教参上的要求来上课的话，根本就完不成教学任务。这表明，在目前高校阶段的英语阅读教学中，由于种种原因的限制，教师只注重单纯围绕“读”这一活动来学习文本。传统意义上的阅读教学，一般是遵循“单词学习—学习者朗读—教师逐字逐句讲解—对关键词和短语加以训练—背诵检查”这样一个“线性”的授课思路，很少有教师能就文本把听、说、读、写等多种技能结合起来开展多维度活动，来对文本进行全方位的理解和学习，更不用说从语言技能、情感态度、学习策略和文化意识这四个更高层次的站位上来解读文本了。

3. 学习策略教学目标

概括地说，英语阅读方面的学习策略主要有认知策略、交际策略、调控策略和资源策略等。认知策略是指读者在进行英语阅读过程中，为了完成一些阅读学习中的具体任务而采取的进行英语阅读的步骤和方法；调控策略是指读者在英语阅读过程中需要制订一个阅读计划，并按照计划进行阅读，阅读完成之后对自己的学习过程或学习结果进行评价和调整；交际策略是指英语阅读者为了能够争取更多机会来使用英语进行交流，为提高口头表达和书面交流的效果而采取的各种策略；资源策略是指英语阅读者要能够合理有效地利用多种媒体和学习资料来学习英语和使用英语。因此，为了解学生在英语阅读学习的过程中对于学习策略的理解和应用情况有所了解，笔者设计了进行三个问题来做调查，结果如下。

（10）我知道怎样采用适当的方法来安排和调整自己的学习内容和进度（　）。

A. 做得很好（22.5%）B. 不太合理（34.3%）C. 做得很差（43.2%）

（11）我能够利用已经知道的文化知识和学习资源来帮助自己理解学习内容（　）。

A. 做得很好（21.8%）B. 不太合理（40.2%）C. 做得很差（38%）

（12）我能利用跳读、速读等方式来学习文本内容，有效地提取文本中的信息（　）。

A. 做得很好（15.4%）B. 不太合理（42.7%）C. 做得很差（41.9%）

分析：从这三道题中可以看出，能够很好地运用认知策略安排和调整学习内容和进度的学生仅占 22.5%，不太合理和做得很差的学生分别占到 34.3% 和 43.2%；能够利用已有的文化背景知识和学习资源来帮助理解学习内容的学生中做得好的占 21.8%，不太合理和做得很差的分别占到 40.2% 和 38%；能利用速读、略读、跳读、查读、预测等方式学习文本内容的学生做得很好的只有 15.4%，不太合理的学生占 42.7%，做得差的学生占 41.9%。通过对学生的访谈得知，学生有的知道这些策略性的东西，但是一旦到真正阅读需要读者综合运用这些策略时，反而不知道怎样运用了。通过研究教师的访谈记录，可以看出教师们平常上课时也会讲到这些策略，但是因为课堂时间非常有限，在讲过一些策略后没有立即留出时间让学生加以练习，因而学生出现的眼高手低的现象比较多，但在真正需要用到这些策略的时刻却派不上用场。分析结果表明，教师在今后的教学工作当中应该比较合理地分配好时间，如果要讲到学习策略，就应该配合阅读策略的讲解做适当的练习并加以巩固；如果时间不够，那就另辟时间边讲边练，而不要“水过地面湿”，那等于什么都没讲。

4. 文化意识教学目标

英语的学习能够让学生换一个视角看问题，使学生有更多的机会接触到英语国家的一些背景文化，从而体会到这些文化元素对英语语言的影响；有利于提高学生对英语语言的理解，是进行东西方文化的一种比较和鉴赏，还有利于加深学生对本国文化的理解，从而培养学生的世界文化意识和跨文化交际的能力。然而，每一种语言都有其独特深厚的文化底蕴，语言只是思维的外壳，是进行思维的一种形式而已，如果真正想要学好这门语言，真正理解和掌握地道的表达方式，就必须通过大量的阅读慢慢渗透和体会这些文化常识。为了了解英语教师在学生文化意识方面的教育教学情况如何，笔者特设计三个问题进行问卷调查，结果如下。

（13）我的老师能够在讲课过程中涉及介绍西方地理、历史等文化方面的信息（　）。

A. 做得很好（23.1%） B. 不太合理（41.3%） C. 做得很差（35.6%）

（14）我的老师能够利用文本介绍东西方价值观念和行为规范等方面的异同点（　）。

A. 做得很好（20.3%） B. 不太合理（38.5%） C. 做得很差（41.2%）

（15）我的老师能够利用文本培养我们的世界意识和跨文化交际意识（　）。

A. 做得很好（18.7%） B. 不太合理（32.4%） C. 做得很差（48.9%）

分析：在第（13）题中，对于文本中包含的介绍西方地理、历史等多方面文化的信息能够准确提取出来的教师占到23.1%，不能有效提取的占41.3%，做得很差的教师有35.6%。无论教师讲不讲西方文化常识，最起码教师要有这方面的意识，尽可能弄清楚作者想要通过这个文本告诉学生哪些文化常识，教师心里要明确。在第（14）题中，能够利用文本信息有效地进行西方价值观和行为规范等方面的异同比较介绍时，做得好的教师仅占20.3%，做得不太合理的占到38.5%，做得很差的教师占到41.2%。在第（15）小题中，能有意识地去培养学生世界文化意识和跨文化交际意识的教师做得很好的仅占18.7%，做得不太合理的教师占到32.4%，做得很差的占到48.9%。另外，在对教师进行访谈时，也可以看出来有哪些地方需要改进和提高，整理访谈记录如下：教师甲回答说在讲解课文时她会穿插进行文化意识的教育，让学生更多地了解西方文化；教师乙回答说她很少讲到，因为她觉得就课文上的内容课堂上都有可能处理不完，根本没有太多时间去过多地讲解文化方面的知识。

以上说明在现阶段的高校英语阅读教学中，教师只是单纯地以教材为载体讲解阅读知识，而很少在讲到的内容中涉及东西方文化有冲突或差异时专门对必要和重要的西方文化进行介绍，如对西方国家的历史地理、风土人情等背景文化知识，或是一些文化习俗的介绍。而由于中西方国家在思维方式上的某些不同，导致英汉两种语言在理解和表达上的差异。语言是文化的载体，如果不具备相应的背景文化知识，即使文本中没有一个生词和一个难句，学生也未必能理解作者要表达的意思，语言所承载的信息是远远超过文字表面的信息的。如果想要真正学好英语，那就必须要重视背景文化的学习和了解，从而促进学生更好地理解文本，并从中摄取尽可能多的语言知识、情感态度和文化意识等方面的知识，以更好地学习和使用英语这门语言。笔者在与教师的访谈中了解到，英语教师在讲授文本知识的同时，并没有或很少渗透对学生文化意识的培养。

（三）教学主体方面：忽视学生是课堂教学的主体

学生才是课堂真正的主人，只有学生在课堂上积极思考、乐于参与课堂教学活动，真正在思维上行动起来，才能获得知识和能力的发展，提升学生获取信息的能力，培养学生自主学习和自我管理的能力。教师应该在日常教学中优化教育教学方式，精心设计课堂教学活动，注重培养学生的创造力，充分发挥学生的想象力和批判性思维的能力，培养学生的创新精神。因此，英语教师可以在日常的阅读教学活动中精心设计任务型活动，增加高校英语阅读课中开放性任务的设置，让学生通过完成阅读后的思考、理解，学会用所学的句式来表达自己的看法和观点，逐渐养成具有个人特色的思维方式。为了了解日常教学中教师对于学生主体地位的落实和重视情况，笔者特设三个问题进行调查，结果如下。

（16）我的老师能够利用教材精心设计出任务型的语言实践活动供学生活动使用（　）。

A. 做得很好（15.7%）　B. 不太合理（30.4%）　C. 做得很差（53.9%）

（17）我的老师设计阅读任务时能以学生的生活经验和兴趣为出发点（　）。

A. 做得很好（12.4%）　B. 不太合理（31.5%）　C. 做得很差（56.1%）

（18）我的老师在设计阅读任务时能积极促进英语学科与其他学科之间的相互渗透（　）。

A. 做得很好（16.3%）　B. 不太合理（24.7%）　C. 做得很差（59%）

分析：从这三道小题可以看出，有 15.7% 的教师能够利用教材设计出各种语言实践活动，促使学生能够很好地进行交流。教师在设计任务时，能够以学生的生活经验和兴趣为出发点来设计教学任务的只占 12.4%，能促进英语学科和其他学科间相互融合的教师做得很好的也仅占 16.3%，做得不太合理的教师和很差的教师绝大多数占到将近 60%。通过数据分析得知，在目前的英语阅读教学中，也存在一些任务设计上不够合理、没有知识间的迁移和提高、没有切实从学生的基础和认知水平出发、没有切实从学生的兴趣和爱好出发等多方面的问题，这都需要教师在备课时精心安排教学目标、教学内容及教学方法等多方面的因素。

（四）教学资源方面：主要限于课本，其他学习资源利用不够

英语课程资源是指一切有利于或有助于实施英语课程，实现课程目标，发展学生综合语言运用能力，提高教师综合素质的物质条件和包括环境、氛围等在内的其他非物质条件。物质资源主要包括为英语教材教辅、文字音像资料、教育教学设施和网络教育资源等；非物质资源主要包括学生自己、校内校外的教师、学生家长和有助于实施新英语课程的一切人文环境及智力资源。目前，我国高校阶段的英语教学主要依据多种版本的英语教材来教授英语课程，英语课程资源的核心部分是教材，教师则应该合理利用教材，做到对教材的整体把握，并能够整合教材的内容，设计出符合教学标准和学生实际水平的教学内容。因此，有效地整合教材是非常重要的，这是英语阅读教学的根本。同时，教师也应该充分利用教材配套的录音带或 CD、练习册、挂图、多媒体教学课件等。另外，互联网上也提供了丰富的教育教学资源，教师可以在此基

础上展开知识的拓展和应用，以更好地为教学服务。为了了解教学中对于教学资源的利用状况，笔者特设置了三个问题进行调查，结果如下。

（19）我的老师能够根据不同的教学内容，合理选择运用多种教学资源（　）。

A. 做得很好（27.3%） B. 不太合理（38.4%） C. 做得很差（34.3%）

（20）我的老师能够适当拓展阅读材料的来源，如报纸、杂志、影视作品等（　）。

A. 做得很好（26.8%） B. 不太合理（41.1%） C. 做得很差（32.1%）

（21）我的老师在教学中能够利用互联网上的教育资源为英语教学教育服务（　）。

A. 做得很好（21.4%） B. 不太合理（40.8%） C. 做得很差（37.8%）

分析：在第（19）题中，对于能够合理并熟练运用多媒体及相关教具的教师做得很好的占 27.3%，不太合理的占 38.4%，做得很差的占到 34.3%。在第（20）题中，能够很好地拓展阅读材料的教师占 26.8%，不太合理的占 41.1%，很差的占 32.1%。在第（21）题中，能够很好地利用互联网资源的教师仅占 21.4%，做得不太好甚至很差的教师一共占到 88.6%。在与教师的访谈中，教师们也谈到这个问题，说本来平时的备考和备课任务就已经非常繁重了，很少有时间去整理这些东西。这将说明高校英语教师在对利用英文图书和音像出版物、英语报纸和杂志期刊、广播、电视和电影、网络信息等其他丰富的资源，以及利用非物质方面的资源等方面还存在一定程度的欠缺，这就要求英语教师在今后的教学教育工作中一定要提高认识，毕竟书本的知识有自己固化下来的体系，很难在短时间内有变化，无法跟上多方面媒体的变化，而真正变化快的就是报纸、杂志和互联网等，所以为了能让固化下来的知识跟得上经常性的变化知识，则要求教师在这方面的认识有较大程度的提升。

（五）教学评价方面：主要依靠测试，评价方式和评价主体单一

评价是英语课程的重要组成部分，科学的评价体系是实现课程目标的重要保障。同时还指出，在进行教学设计时，要真正体现出学生在评价中的主体地位，建立起多样性和多元化的评价体系，注重“形成性评价”对学生综合能力的培养和学生综合发展所起的重要作用。在进行评价时，一定要关注所设置的评价体系以及由此而得出的评价结果对日常教育和教学效果的规范和反馈作用。英语教师应该清楚哪些是英语教学的重点，哪些是教学难点，在设计教学环节时要心中有数，真正做到枪枪射中“靶心”，真正使课堂高效起来，并通过终结性评价和形成性评价这两种常用的评价方式，尤其是形成性评价，让学生来不断体验进步与成功，从而帮助学生在学习英语的过程中自信心越来越强，以促进学生的全面发展。另外，教师也能从日常的教学评价中获得有价值的教学反馈，帮助教师及时了解教学动态和学生状况，对教学的设计和实施过程进行反思和调整，从而不断提高教师的自我反思能力和教育教学水平。为了了解教师在阅读教学中的评价方式如何，笔者设计的调查结果如下。

（22）我的老师能够以学生为评价主体，使学生更好地认识自我、树立自信（　）。

A. 做得很好（18.7%） B. 不太合理（42.8%） C. 做得很差（38.5%）

（23）我的老师能够根据阅读课的内容和学生的特点设计出不同层次的评价目标（　）。

A. 做得很好（20.9%） B. 不太合理（43.5%） C. 做得很差（35.6%）

（24）我的老师能够把学习过程和学习结果、学习时长和效率等的考查结合起来（　）。

A. 做得很好（19.2%） B. 不太合理（30.9%） C. 做得很差（49.9%）

分析：在第（22）题中，能够以学生为评价主体的教师占 18.7%，其他做得不好的占 81.3%。在第（23）题中，在设计不同层次的评价目标和评价标准时，做得很好的教师占 20.9%，不太合理的占到 43.5%，做得很差的占到 35.6%。在第（24）题中，在进行考核时能把多种影响因素结合起来考虑的做得很好的教师又仅占 19.2%，做的基本可以的占 30.9%，做得很差的占到 49.9%。通过数据分析，我们可以看出有很多教师不能根据阅读课的内容要求和学生的特点设计不同的评价方式和评价主体。

从以上分析可以看出，教师在阅读教学的评价上做得很不到位。目前，我国中学的教学中最常用的评价方式就是期中和期末这两次大型的终结性评价。而在日常教学中，教师对学生学习过程的评价不多，还不能很好地利用形成性评价。即使教师偶尔使用形成性评价，也没有根据不同的课程目标和课程内容制定统一考评制度和考核标准，没有很好地形成系统的、科学的评价体系和评价标准。至于定性评价和定量评价、他评与自评等评价方式，使用的机会就更少了。因此，在今后的教学中，教师一定要加大对过程性评价的使用力度。

二、导致高校英语阅读教学呈现低效现状的原因分析

（一）英语基础知识差异较大

众所周知，在英语学习中，学生所掌握词汇量的多少是直接决定英语阅读速度的快慢和对文章内容理解得深刻与否。在日常教学中，教师发现一部分学生在做阅读理解题时经常会因生词过多而影响对文章主旨大意和细节问题的理解，有的学生甚至因为文中的生词过多而失去阅读的兴趣和信念。另外，高校学生英语语法知识的欠缺是造成英语基础知识薄弱的又一主要因素。高校英语的学习和义务教育阶段的英语有着一脉相承的特点，部分学生在义务教学阶段时对英语语法没有形成深刻的理解，高校阶段的学习更是倍感吃力。因此，肤浅的语法知识往往会造成学生在阅读理解时搞不懂句子的含义，容易对句意造成理解上的偏差。尤其是对一些倒装、复合、省略等特殊句式的理解，则更是困难。

（二）阅读技巧的缺乏和阅读方法的不合理

由于缺乏阅读技巧和不合理方法的使用，学生在英语阅读时就会很难取得良好的阅读效果。突出的问题则是断章取义，忽略了上下文的联系和前后句的内在逻辑，抓不住文章的主旨大意和作者的主观意图；对问题的理解也只停留在字句表面，很难理解句子深层次的含义。

（三）异域文化背景知识的缺乏

阅读理解能力与学生自身知识又有着密切的联系。英语文化知识的掌握直接决定着学生对英语阅读的理解和速度。由于受到各种条件和环境的限制，目前大部分高校学生缺乏对使用英语语言国家的综合文化背景知识的了解，包括社会模式、民族文化、宗教信仰、价值观念、地理历史等多个领域的知识，绝大多数学生只能通过书本知识来获取有限的信息。因此，有限信息量的获取难免会给学生的理解造成意义上的偏颇，使其判断失误。相反，如果学生对英国、美国这些国家的文化背景知识和社会知识有充分的了解，那么他们在理解文章时就能从各个方面进行综合考虑，并做出正确的判断。

（四）学生自身的不良阅读习惯

阅读是获取信息的一个方法，阅读能力包含阅读理解能力和阅读速度两个方面。快速阅读是在大量阅读过程中培养和发展起来的。而一些不良的阅读习惯严重制约着学生的阅读速度。这些不良的阅读习惯包括边查词边读、出声阅读、指读和逐词阅读、回视阅读等。

1. 边查词边读

一些学生在自主阅读过程中，一遇到陌生单词就会停下来去查字典，这种方法不但容易使原本读懂的文章大意遗忘，还会降低阅读速度和效果，尤其是多次停下来阅读并不断回读前文的情况，这会让学生在阅读过程中产生厌烦情绪，对阅读内容失去信心和耐心，甚至放弃所要阅读的任务。

2. 出声阅读

部分学生在阅读时有读出声音的习惯，这多少会影响其阅读理解的速度，同时影响阅读效率的提升。尽管有些学生不会出声，但是他们的嘴唇却在蠕动，这也算是发声阅读。这种阅读方式会在很大程度上影响学生眼睛的扫视速度，因此在高校英语阅读教学中，教师有必要对学生进行默读训练，尽量避免发声阅读。

3. 指读和逐词阅读

为了能够读懂每个单词的含义，部分同学便会用手指或者圆珠笔等物一个个地指着每个词语逐个进行阅读，这对比较复杂的句子或者具有较深层次的句子来说或许有一定的效果，但是对于常规的阅读来说，这种指读方式会大大降低阅读速度，还会使学生的理解多停留在单个词语的理解上，降低对整个句子甚至段落大意的理解，从而使阅读效果大打折扣。

4. 回视阅读

在阅读过程中，相当一部分的学生会有回视这个习惯，其主要原因是：第一，学生在阅读过程中精力不够集中，容易走神，忘记前文的意思，此时就不得不进行回读。第二，部分学生经常怀疑自己的阅读理解是否正确，以及记忆得是否正确，因而需要回读进行确定，担心快速阅读不能有效地把握文章主旨。第三，所阅读的材料难度较大，远远超过自己的能力水平，为了更好地理解而不得不再次进行回读。鉴于此，为了减少回读次数，学生在阅读时必须集中精力，增强自信。此外，教师应在平时选择一些难度适中的材料让学生阅读训练和练习。

（五）缺乏合适的英语阅读环境

英语阅读环境则在很大程度上制约着读者阅读理解能力的提高，主要表现在语言环境方面。这是因为中国的英语学习者在语言环境方面不同于英语国家的英语第二语言的学习者，这类学习者一般都有一个比较自然的语言环境，周围有众多英语的本族语使用者。由于种种原因，他们之间可能会有各种各样的联系。同时，由于该语言可能是官方语言的一种（如加拿大、新加坡、印度等国）新闻媒介、官方文件、广告等，为学习者提供了一个比较真实和自然的语言环境，而中国学生学习英语就很难有这样的语言环境。由于语言学习环境的制约，英语学习者潜在的学习过程的促进作用也受到极大的限制。所以，阅读者想要准确地获取文章所要表达的信息并不是十分容易的。

第三节　图式缺失条件下大学生英语阅读学习障碍分析

一、图式缺失条件下大学生英语阅读理解存在的障碍

虽然造成学生阅读障碍的原因多种多样，而且个体与个体之间会有区别，但最主要的障碍是由上述三种图式的缺失引起的。如果学生头脑中没有这些相应的图式，就不能进行有效的阅读。

（一）语言图式缺失导致的阅读障碍

学生的词汇量严重不足。所谓词汇量，除了指认识的单词外，还包括对词组、习语及多义词义项的认知。词汇量的不足便会直接影响阅读速度、兴趣及理解。学生缺

乏对结构复杂的长句、难句的把握能力，英语空间搭架形成的环环相扣、层层叠加的构句特点常会使英语句子修饰关系复杂，并列成分繁多。另外，句子末端重量的要求及插入语的频繁使用又会造成句子内部各成分之间搭配关系、修饰关系的表层分隔。这些因素给阅读者带来相当大的阅读理解困难。

在阅读教学中，我们经常发现对于同样的文章，词汇量大、语法知识全面的学生在阅读的速度和理解的正确率上都要比词汇量小、语法知识不全面的学生好得多。实际上，就是语言图式影响了阅读的效果。所以，在学生了解了文章的背景和篇章结构以后，要接着去扫除他们的语言知识障碍，以便及早进入细读文章、全面了解文章细节的阶段。

例如，Modern Agriculture 一文对阅读产生关键影响的语言知识有：

词汇：protection，technique，irrigation，pump，seed，import，production，root，insect，tobacco，golden，method，tie，discovery，gardening，gardener，wisdom，practical，guide，firstly，sow，condition，soil，weed，remove，sunflower，generation 等。

语法：首先是强调句型，如 It is on this arable land that the farmers produce food for the whole population of China。其次是非谓语动词作状语的句型，如 Using the latest technologies，Chinese scientists grow vegetables in greenhouses。

以上这些语言知识的习得是阅读能顺利进行的基础和前提条件，更是学生准确把握文章信息的有力保障。

（二）内容图式缺失导致的阅读障碍

阅读是为了获取新的知识，但阅读者原有的知识储备会直接制约对新知识的理解与掌握。母语社会的学生与非母语社会的学生对同一篇文章的理解会有很大的不同，有时甚至会是截然相反的结果。同样的道理，接触过与文章主题相关知识的学生跟没有接触过相关知识的学生在文章理解上也会产生一定的差距。很多课文都会包含许多子话题，无论农业还是科技等各方面的内容都会有所涉及。应该说，学生对这些方面的知识有所知，但知之不深。加上文体属于说明文，本身比较枯燥，学生在看到阅读文章时其实就已经有畏难情绪产生了。在这样的情况下，想要让学生通过阅读达到了解我国农业现状，认识农业发展与科技进步、农业与环境的关系等方面的目标是不可能的。

另外，学生心智成熟的水平也会影响阅读的效果。对于同一篇文章，不同的人或同一个人在其不同的人生阶段往往会有不同深度的理解，其原因就在于心智成熟程度的差异。一篇文章，如果思辨色彩较浓或者内容比较抽象、深刻，或者精细地体现了作者深刻的精神体验，绝大部分学生会感到在理解上有相当的困难。因此，教师在教学课文之前应该首先介绍一下文章相关的背景知识，尤其是那些论述与学生的学习和生活联系不甚密切的话题文章，更要多角度、全方位地把相关信息展示给学生，让学生在阅读课文内容之前对相关话题有个初步的了解，以便他们有足够的兴趣和信心去阅读课文。如此，学生也会更有成就感。这种成就感的产生将使学生的阅读热情保持在一个比较高的水平上，对教师今后的阅读教学起到决定性影响。

（三）形式图式缺失导致的阅读障碍

形式图式指的是构成篇章或语篇的底层结构，也就是通常所说的篇章知识。语篇是语言实际应用中最基本的单位，是按一定的思维模式组织起来的。语篇内部的组合模式有约定俗成的规定，一旦学生掌握较为完整的篇章知识，就能够有效地通过篇章结构的提示找出作者的叙述线索，厘清其思想脉络，并快速地把握文章的主旨大意。否则，学生看完文章之后，可能只能识别出若干个细节性的信息，而对文章的主旨大意、作者的写作意图、作者写作时的心境、个别词句的深层含义等把握就不够准确，甚至出现较大的偏差。

例如，《现代农业》（*Modern Agriculture*）一文共有 6 个自然段，按照说明文的写作规律，全文可划分为四部分：第一部分简要介绍了我国农业及可耕地的情况；第二部分介绍我国农业如何使用先进技术提高农业产量；第三部分介绍从 20 世纪 90 年代起，我国开始在不影响、不破坏环境的同时，便研究、引进新的农业科技；第四部分介绍解决中国耕地面积少的方法，即应用高新技术，包括温室的投入使用及转基因农作物的培育和发展等。

在阅读活动中，教师可结合阅读材料的语篇内容和语篇结构，指导学生建立相应的图式，这样有助于学生整体把握语篇，梳清条理，拓宽思路，并深入理解语篇查找相关细节信息，了解我国具体采用了哪些先进的科学技术来提高农业产量和改善生态环境。在阅读教学中，教师指导学生建立所读语篇的图式，一是可以引导学生整体理解语篇的内容；二是图式的建立可以为学生提供视觉上的结构图，既有助于加深学生对语篇的理解，也便于学生记忆。建立语篇图式的过程，实际上是分析语篇结构和综合语篇内容的过程。因此，建立语篇图式可以锻炼学生的分析能力和综合能力。

二、图式理论应用于高校英语阅读教学中的必要性

以上通过分析高校英语阅读教学存在的问题就可以看出，缺乏图式条件不利于大学生英语阅读能力的显著提升，甚至会在一定程度上降低学生对阅读的兴趣，从而影响学习效果。为此，将图式理论应用于高校英语阅读教学中确有必要。

图式理论强调读者头脑中的已有图式对阅读文本起作用的过程，通过语言图式、内容图式、形式图式与阅读文本的相互作用来帮助读者更好地解读阅读文本。近年来，图式理论被广泛应用到英语阅读教学中，图式理论指导下的阅读教学是要求学生运用

自己头脑中已有的知识对阅读材料进行正确的解读。那么，教学活动的首要目的就是唤起学生头脑中的相关图式，通过插图、文章题目、关键词等线索的讨论，激发学生搜寻已有的背景知识进行积极的预测。与此同时，教学活动同样要唤起学生利用已有的语言知识、文体知识对阅读材料进行解读。图式理论使阅读教学不再是学生被动地接受、领会文字信息，而是积极地对文本信息进行解码重组，从而理解文本内容的思维活动，这样学生就真正成了学习的主体。

（一）理论上的必要性

从20世纪60年代中期到后期，国外的阅读只能算是加强了口语教学的训练，阅读教学主要集中在测试词汇和语法知识方面，背诵是最传统的英语阅读教学。到20世纪70年代，英语教学慢慢成为关注高级阅读和写作的训练。所以，与传统教学相比，阅读教学也随之发生变化。为此，前人已经做了很多相关的研究和论述。

20世纪70年代，古德曼（Goodman）就强调阅读是读者在预测的基础上选择的过程，是心理学的猜字游戏。他指出，“阅读是一个选择的过程，而不是逐字读寻求相应信息的过程。由于熟练的读者在快速阅读时没有时间来仔细看看每一个字、每一个词，因此他们用自己已经拥有的知识，去尝试浏览文本，然后确定预测信息”。而克拉克（Clarke）获得的灵感源于以上阅读教学理论，阅读被视为积极认知的过程，但为了学生更好地理解阅读课文，教师应该教给学生一些良好的阅读策略。他们认为，“对于教师来说，提供给学生一些有效的理解文章的方法才是阅读的最终目标，其中包括帮助学生确定阅读目标，利用预读活动，以提高学生的理解能力，以及提供给学生一些阅读策略来处理语法、词汇和句子结构的问题”。

国内学者亓鲁霞和王初明曾在1988年发表过一篇名为《背景知识与语言难度在英语阅读理解中的作用》① 的文章，在其中他们进行了实验研究，集中分析了主要影响阅读理解的三个因素，即熟悉度、上下文、语言难度，但最终实验结果表明背景知识是其中影响力最大的因素。因此，他们认为，“如果读者缺乏与文章内容相关的图式，理解便会受阻，即使文章的语言偏难，只要读者具备相关的图式，理解起来也比较容易”。张维友也在1995年发表的文章《图式知识与阅读理解》中谈道：“理解取决于读者，取决于读者过去的经历和社会常识。意义很多不在文字本身，而在读者的脑海。文中所理解的东西，实际上是在理解过程中所启动的图式作用。”② 此外，他也在文章中提到图式理论指导下的阅读模式，人们用得最多、最广泛的是“自下而上”模式，即人们从语言的最小单位出发，逐渐上升，对头脑中已有的相关知识（图式）的预测不断修正达到阅读效果。后来，人们也开始逐步去使用“自上而下”模式，首先从头脑中

① 亓鲁霞，王初明．背景知识与语言难度在英语阅读理解中的作用[J]．外语教学与研究，1988（2）：24-30，79-80.

② 张维友．图式知识与阅读理解[J]．外语界，1995（2）：5-9.

已有相关知识（图式）的预测出发，逐渐向下推进，不断对这些预测进行确认，以实现阅读目的。但无论是哪种阅读模式，都与头脑中原本具有的图式知识息息相关。王嫦娟、李国瑞指出，“与其他方面相比，将图式理论运用于阅读理解是最早、最广泛的，很多学者及研究者也对其进行了全面、深入的研究。他们认为，图式理论将阅读理解过程解释为读者具备的知识与阅读材料相互作用的过程，阅读理解就是将头脑中相应的图式与语言材料提供的信息联系起来，用这些信息填补图式组成成分之间的空当，从而理解语篇”[①]。王梅也认为，“图式理论是近年来出现的诸多阅读理论中最有影响力的一种，它确实能被采纳用于指导高校英语阅读教学”。[②]同时，她将图式理论运用于阅读教学的三阶段中（读前、读中、读后），并认为“英语教师在教学中的首要任务就是帮助学生完善语言图式，扫清语言障碍，为学生能调用内容图式和形式图式做好充分的准备。其次，教师还应教会学生运用头脑中的已知线索来调用内容图式的能力，以此来理解文章的内容大意。最后，教师还要教会学生在阅读过程中调用形式图式，增强对文章的理解力”。

（二）实践上的必要性

1. 文章语言问题

学生在英语阅读过程中遇到的最普遍、最棘手、最困难的问题就是语言知识障碍，即文本中出现了太多生僻的单词和复杂的长难句，其中就包含高校阶段所涉及的繁杂语法点，这是基础性的阅读障碍。阅读时，对英语基础较为薄弱的一部分学生，他们本身所具有的词法、句法、语法知识就相当有限，若他们对文章所涉及的文化背景知识根本就不了解，或者根本就不是自己的兴趣所在，加之生僻的单词一多，又不会分析长难句，他们就不会再有耐心和信心继续往下阅读，只能去放弃，还会产生极大的厌学情绪。对于还具有一定语言知识能力的学生来讲，他们运用自己所具有的知识进行阅读和猜测，若文本中生单词超出了他们的知识储备，那么正确理解文章就是困难的。虽然勉强阅读完一遍，但他们似乎对文章内容大意和中心思想也说不出所以然来，更不要说分析长难句、归纳语法现象了。这样的阅读是无效的，虽然花了大量的时间进行阅读，但是做题时正确率始终达不到要求。而对那些英语基础较好的学生，他们具有一定的阅读能力，会调动头脑中已有图式进行阅读和猜测，但在这个不断修正头脑中已有图式的过程中，生词障碍或对一些同义词、一词多义不够熟悉，也可能会主观或片面地理解文章，并用自己的想法去代替作者的写作意图，最终导致理解不够充分，不能突破自我。因此，在阅读文章之前应给学生补充一些必要的语言知识，而且要使学生将这些语言知识内化成自己的知识储备，不断积累和补充，最终形成自己的

① 王嫦娟，李国瑞．图式理论在英语教学中的应用研究评述 [J]. 心理研究，2009，2（6）：5..

② 王梅．图式理论与英语阅读教学 [J]. 中国电力教育，2008（4）：3.

语言能力。

2. 文章内容问题

由于大学生正处于成长的重要阶段，也正处于增长知识、丰富见识、树立认识和不断完善人生价值观的重要时期。对于这个年龄段的学生而言，他们本身的知识储备是不够完善的，所以对世界、社会、生活、人生的认识就会比较有限。因此，当大多数学生在面对内容丰富、话题多样、涵盖面广的阅读材料时，他们便会因为缺乏足够的语言和文化背景知识而导致无法正确理解或完全理解文章的中心思想。对于少部分学生来说，他们因为兴趣和习惯，从小进行了广泛大量的阅读，那么他们可能就会对某些特定的文化背景知识和话题比较熟悉，对整个世界的经济、政治、文化、宗教情况比较了解，就较容易增进对文章的理解。然而，对大部分学生来讲，他们缺乏西方社会经济、政治、文化等背景知识作为指导，所以不能真正领会某些词、句在英语中可能会蕴含的意义，这时他们对文章的理解就是片面、不充分的。还有些学生，或许他们对文章所包含的社会文化背景知识还是有一定了解的，话题也比较熟悉，但是在阅读文章时，他们却不能很快地调动这些背景知识来帮助他们更好地预测和理解文章，最终导致读了后面，忘了前面；阅读前面，想不起后面。

因此，在阅读文章之前给学生补充一些必要的社会文化背景知识是相当重要的，这能够有效帮助他们克服语言障碍，提高其阅读速度、阅读效率和阅读效果。当然，除了补充背景知识以外，激活和调动学生头脑中已有的背景知识也是非常重要和有效的。

3. 文章形式问题

在长期的阅读教学中，教师便发现学生最擅长做广告、海报等具有小标题的应用文。究其原因我们可以看出，首先这类文体主题明确，每一篇文本都是围绕一个主题展开，学生根据小标题就能判断出其用途与用意，并以此为依据，学生很快就能推断出此文本的写作对象是什么；其次，这类文本写作目的明确，可能是给读者传递一些信息，可能是介绍某个项目、组织，可能是关于旅游景点的介绍，可能是招聘信息，也可能是失物招领等，贴近学生生活，学生理解起来较为容易；最后，这类文本格式和结构也比较稳定，通常是大标题下面有几个小标题，学生只要快速阅读大致了解了此文本的主题和目的后，就能够根据每个题目的关键词直接回到文本中锁定相关小标题下的具体内容，不仅能节省时间，还能保障正确率。

此外，学生比较擅长的阅读文体还有记叙文，或许是因为学生从小就开始阅读记叙文，对文章中时间、地点、人物、事件的起因、经过和结果的结构非常熟悉，所以更容易把握和理解。大多数学生对于其他体裁的文章，一来分不清到底是何体裁，不能用相应的方法进行阅读；二来对文章的结构和框架很难把握，很难真正读懂和掌握文章；三来他们一旦把握不了所有文章的结构和框架，就会影响他们做题的速度和效率。因此，给学生总结和归纳一些常用的文章体裁也是行之有效的。只有这样，学生才能启用相关的阅读策略辅助阅读。

4. 学生心理问题

阅读理解是对学生综合运用语言能力的一种考查，它涉及英语学习的方方面面，学生只有具备了相关的图式知识，才能够有效、快速地进行阅读。传统的阅读教学法过于强调语言图式的重要作用，将阅读过程理解为机械地学习词法、句法、语法的过程，繁杂的语言知识让学生感受不到阅读的乐趣，久而久之，便会失去了兴趣，或者产生了厌学情绪。因此，大多数学生认为英语阅读理解很难，因为它篇幅长、生词多、句子难、语法杂。特别是在考试过程中，考试时间有限，有的学生看见五篇阅读就头疼，字字句句斟酌下来耗费了大部分的考试时间，因此在短文改错和作文部分就只能草草了事，考试成绩可想而知。另外，一些学生觉得自己已经把文章读懂了，在做后面的题目时错误率却很高，考试成绩平平，他们百思不得其解。还有的同学在做阅读理解题时，若题目较为容易，他们就会比较有信心；若从第一篇开始就包含大量的生词，他们就会出现畏难心理和厌恶情绪，不想继续认真阅读，随便选几个答案应付了事。

总的来说，大多数学生的学习态度都较为端正，能正视英语阅读理解的重要性，但由于缺乏正确的阅读方法和恰当的阅读策略，其阅读效率和正确率都受到了严重影响。因为太重视，但又缺乏正确方法的引导，所以他们会产生畏难心理和厌恶情绪，这是百害而无一利的。

图式理论在阅读教学中虽然起着重要的作用，但是在实际的阅读教学过程中，由于教师忽略了对学生语言图式、内容图式、形式图式的不断建构和扩充，这使学生没有形成自己的图式结构，因此没有达到良好的阅读效果。另外，由于学生个人英语水平的限制，阅读策略的运用及阅读速度和心理因素等，不能积极地将文本内容和自己已有的知识联系起来，对文本进行理解。此外，就文本本身而言，由于母语文化与目标语民族文化之间的差异带来理解上的偏差，使学生无法理解英语词、句间的深层含义，这也是导致学生没有达到良好阅读目的的原因。因此，教师在进行阅读教学时，有必要运用图式理论丰富学生的三大图式，激活学生已有的图式知识，从而提高阅读教学效益。

第四节 图式理论应用于高校英语阅读教学中的理论基础

一、语言习得理论

任务型语言教学的理论依据之一是来自对语言习得的研究。那么，语言习得是什么？按照《朗文语言教学及应用语言学辞典》①的定义，语言习得是个人语言学习和发展。母语或第一语言的学习为第一语言习得，第二语言或英语的学习称第二语言习得。语言习得有时与行为主义学习理论联系在一起。根据语言习得规律，语法知识的记忆不能保证语言使用的正确，必须有大量语言的输入才能使学生掌握所学习的语言。努南（Nunan）认为，"学习者能理解一项语法规则与其是否能内化并运用这项规则不尽相同。学习者实际上需要的，不仅仅是具有在不同情景反复接触含有这项语法规则的实践机会，他们还需要在不同的情景及不同的语境中使用这些固定的表达方式，从而逐渐发展自己的语言系统"。②

威利斯（Willis）认为，"'熟能生巧'这个成语并非永远适合语法教学。当学生做机械性语言练习时，他们的注意力有意识地集中在语法形式上，看起来他们可能暂时掌握了所学习的语法结构，一旦让他们用语言去交流，注意力集中在语言的意义上时，却仍然不能表达正确"。蒙哥马利（Montgomery）和艾森斯坦（Eisenstein）做过一个实验：他们把一个班分为两组，实验组教语法，相对学习语法的时间要少，同时也提供实践的机会；对照组只讲语法。结果证明，实验组交际能力强，语法测试的成绩比单讲语法的班级成绩好。因此，他们得出"语法加交际的机会比单纯讲解语法知识更能提高语言的流利程度和语法掌握的准确程度"的结论。

二、建构主义学习理论

建构主义最早由瑞士心理学家皮亚杰提出并创立。他从内外因相互作用的角度来研究学生认知发展，即"认知结构说"，他认为学生自身认知结构的丰富和发展是与周围环境同化、顺应和平衡的相互作用的结果，而图式就在此过程中构成。在皮亚杰的认知理论基础上，后继者便从各种不同角度对建构主义进行了发展与完善。其中，维果茨基提出了"最近发展区"，并区分个体发展的两种水平：一种是现实发展水平

① 杰克·理查兹.朗文语言教学及应用语言学辞典[M].管燕红，译.北京：外语教学与研究出版社，2002.

② （英）努南.语言学习研究方法（英文本）[M].上海：上海外语教育出版社，2002.

和潜在发展水平。现实发展水平指个体独立活动可达到的水平。另一种是潜在发展水平，是指个体在成人或其他成熟个体帮助下所能达到的活动水平。两种水平间的区域，就是“最近发展区”。斯滕伯格（R.J.Sternberg）和卡茨（D.Katz）的研究则强调建构认知过程中社会文化历史背景和个体主动性所起的关键作用。

张庆宗则认为，“在英语学习过程中，教师是语言学习的设计者、组织者和指导者；学习者是语言知识的建构者和实践者”①。建构主义学习理论认为，人脑不是一个简单的存储容器，它可以对所输入信息进行积极建构、主动筛选和存储知识，并最终转化为自己的信息。建构主义学习理论强调学生学习的主动性，主张“以学生为中心”，学生在学习过程中始终处于主体地位，是教学活动的主要参与者和积极建构者，教师是学生意义建构行为中的指导者和推动者，而非知识的灌输者，在应对学生所提出的问题时予以解答，引导学生获取知识信息，帮助学生主动完成有效的意义建构。

里弗（River）说：“学生的注意力集中在运用语言去表达和接收真实的信息，这就是互动。”②互动至少有以下三种作用。

第一，互动使学生在模拟真实交际的情景中进行语言活动。所谓“任务”，就是人们在生活中最常需要做的事情。如果学生在语言活动中逐一模拟生活中人们交际时所要做的事情，那么他们今后就会在真实的交际活动中使用他们所掌握的技能与交际所需要的各种语言知识和表达方式等。

第二，互动使学生增加语言输入与输出的量。教师的困惑通常是在有限的课堂教学时间内如何保证足够的活动量。克拉申（Krashen）认为，“人们掌握语言主要靠大量的‘可理解的输入’，即大量的听与读”。③斯温（Swain）则进一步提出，“不仅要有可理解的输入，还应该有‘可理解的输出’”。④在任务型语言教学过程中，学生分组或结对完成各种任务。通过小组活动，学生的语言活动量得以成倍增长。而任务型语言教学的特点之一就是大量的结对练习和小组活动。可见，互动和交流的意义不是机械性的重复练习。

第三，互动能使学生学会创造性地使用语言。创造性地使用语言就是把学习过的词汇、语法结构、固定用法重新组合，表达以前没有表达过的意思。在小组完成任务时，学生为了完成任务，需要结合使用以前学过的语法、词汇和句型，如讨论出一个结论进行调查，制订一个计划，询问并记录所需要的信息等。

心理语言学研究表明，人们是通过互动来掌握语言的。英语学习研究也表明，学

① 张庆宗 . 如何成为优秀的外语教师 [M]. 武汉：武汉大学出版社，2014.

② Wilga M.Rivers，张云皋 . 相互作用的外语教学中的理解与表达 [J]. 国外外语教学，1987(1)：9-13+27.

③ Krashen，S..The Input Hypothesis：Issues and Implications [M]. London； Longman，1985.

④ 龚亚夫，罗少茜 . 任务型语言教学 [M]. 北京：人民教育出版社，2003.05.

习者的语言系统是通过有目的交流发展起来的。语言学习能否取得成功，在很大程度上取决于教师在课堂上能否为学生提供大量的互动机会。

学生个人的发展是教学的核心。以学生为中心并不意味着教师无所作为，教师最重要的作用是激活学生的内在知识系统，了解他们的个人特征和个人需求，帮助学习者理解任务的意义和目标，为学生提供适当英语学习的心理环境，帮助他们形成控制自己行为意识的能力。潘玉进认为，“建构主义教学能为学生预留了思考的空间，让学生自行组织知识，所以从理论上讲，建构教学比传统教学更能够培养学生自我学习的能力，也让学生比较能够适应这个快速变化的时代”。①

社会建构主义理论支持下的任务型语言教学主张学习过程应充满真实的个人意义，要求英语教师学会促进学习者的全面发展、学习能力的提升、积极的情感因素和健康人格的培养。同时，建构主义思想对英语教师自身的学习提出了新的要求，教师应该通过实践与反思，形成关于学与教的认识和理念，以支配自己的教学行为。

三、教学实践理论

在教学中应增加开放性任务型活动和探究性学习内容，使学生能有机会表达自己的看法与观点，并进一步说明英语教学中的任务指有利于学生用英语做事情的各种语言实践活动。因此，在高校英语课堂教学中，应该积极倡导任务型教学途径，让学生在教师的指导下，通过感知、体验、实践、参与和合作等方式，进行自主的学习，并且主动地运用所学语言去做事情，在做事情的过程中自然地运用所学语言，在使用所学语言做事情的过程中，发展语言的能力。高校英语教学目的是使学生巩固、扩大基础知识，发展听、说、读、写的基本技能，侧重提高阅读能力。另外，我国许多学者也对任务型教学实践提出了各自的看法。

杨炳奎、张邕江认为，“任务教学法打破了教师在课堂上的垄断地位，主要以学生为中心，强调学生的主体性。学生首先是交际者，积极参加传递思想，使自己处在被理解的活动中，尽管英语水平不高，他们通过交际学交际，在错误和反复实践中学习知识，通过自己的体验重建知识体系”。②

程可拉认为，“任务型学习模式是一种以学生为中心的教学范式，具体体现在：任务设计上，强调从学生的需要和兴趣出发，体现他们生活经验，反映他们的认知水平；学习方式上，强调学习者主动参与合作对话的重要性，通过意义协商和情感交流使每一个学生都能取得应有的进步；学习内容上，强调知道‘为什么’‘如何’；语言学习上，让学生独立分析语言之本，发现语言某些特征性关系，并根据学生交际中所

① 潘玉进.建构主义理论及其在教育上的启示[J].东北师大学报(哲学社会科学版)，2000(4)：91-94.

② 杨炳奎，张邕江.运用“任务教学法”开展英语研究性学习[J].全球教育展望，2005，34(9)：4.

遇到的实际问题进行有针对性的训练”。①

任务型教学就是以具体的任务为学习动力或动机，以完成任务的过程为学习的过程，以展示任务成果的方式而不是以测试的分数来体现教学的成就。学生有了具体的动机就能自主地学习，并且主动地用所学语言去做事情。而在做事情的过程中自然地使用所学语言，在使用所学语言做事情的过程中发展语言能力，就是“为用而学，用中学，学了就用”，任务型教学法的核心基础是“以学习者为中心”和“以人为本”。

肖桂清认为，“任务型课堂教学模式改变了以往教学中以教师为中心的形式，强调学生的主体作用，则认为学生是教学活动的主动参与者，是教学的中心。它要求英语教学从关注教材转变为关注学生，从以教师为中心转变为以学生为中心，从注重语言本身转移到注重语言习得与运用语言的人。教师的角色发生了变化，教师是课堂的引导者，是交际活动中的促进者。教师与学生的关系是交际、合作和互动的关系”。②

岳守国认为，“学生在实施教师设计的多种任务的过程中，能够发挥主动性和创造性，得到交际的机会和动力。在运用语言知识与交际知识过程中，发展听、说、读、写的语言技能，以及交流、协调、合作等交际技能。学生由被动的学习者、接受者变为主动参与者，有利于激发学生自主学习与自我完善的欲望，启发学生不断学习的内在动力”。③

第五节　图式理论对高校英语阅读教学产生的积极作用

一、符合大学生阅读心理

图式在高校英语阅读理解教学中有着重要的作用。根据图式理论，阅读实质上就是读者构建合适的图式，填充新的信息，从而使图式具体化的过程。填充的内容可以是直接理解的或推断出的新信息。而当图式中所有重要的空位都已填满时，文章即被理解。如果把图式理论运用到高校英语阅读方面，可以大大提高学生英语阅读理解的能力。在英语阅读课文教学中，通过使课文结构化，把课文的主要内容按照层次集合到学生头脑中储存起来，渐渐形成一个具有等级层次的网络（我们所说的“图式”），从而加速学生对课文的理解程度。例如，说明文一般分为问题型说明文和事物型说明文两类。问题型说明文的图式为：Facts → Problems → Solutions（事实→问题→解决方

① 程可拉．任务型外语学习研究 [M]. 广州：广东高等教育出版社，2006.

② 肖桂清．以学生为主体的外语教学模式的特点 [J]. 中小学外语教学（中学篇），2005（7）：19-21.

③ 岳守国．任务语言教学法：概要，理据及运用 [J]. 外语教学与研究，2002，34（5）：4.

案);事物型说明文常包括定义、组成、种类和功能等部分。如果学生掌握了这些图式,那么在进行阅读时,学生头脑中积累的与阅读体裁相关的图式被激活,被激活的图式结合阅读材料信息在阅读过程中不断填充、推导并建立起新的图式,最终达到对文章的深层理解。因此,把图式的概念引入英语课文阅读教学中是符合学生的认知心理的。

阅读心理学研究表明,理解的主要机制则是当阅读材料中的线索激活了读者头脑中的图式后,图式中的变量就会被阅读材料中的信息具体化,使他们会用图式去同化新知识,或者改变旧图式,用以接受新知识,从而实现阅读知识的自主建构。由于大学生已经积累了一定的图式知识,拥有自我建构知识的基础和意志,能够对自己的学习进行积极主动的反思与改进。因此,教师应在教学过程中运用不同的教学策略帮助学生自主构建并激活相关图式,同时帮助学生运用相关的图式进行新的图式建构,以在阅读中促进大学生自主建构图式。

二、提高英语阅读效率

在我国,对高校学生英语阅读策略的训练不足,所以学生的阅读策略图式缺失。但是,阅读教学不能仅限于重视字、词、句的译码。阅读是读者对文章的理解及他们的语言知识和图式知识相互作用的结果。要读懂阅读材料的深层含义,弄清作者的写作意图,就必须具备相应的内容图式。此外,大学生所具备的形式图式对阅读理解也有很大影响。比如,学生如果熟悉篇章的宏观结构(叙述文、议论文、说明文、描写文)的典型格式,了解段落的特征及其信息分布规律等,那么就能在阅读过程中有效地形成预测,从而提高阅读效率。综上所述,对于英语阅读而言,学生阅读图式的缺乏是影响学生提高阅读效率的重要因素之一。许多学生在平时的英语学习中只注重词汇和语法知识的学习,而忽略了图式知识结构的积累。另外,在阅读过程中,由于缺乏教师的学法指导,导致学生过分注重语言的外在形式(如积极进行词语和句子结构的分析),而不会运用自己已有的知识或经验(相关图式)进行阅读,所以也不能对文章进行正确的理解。可见,如果阅读仅仅停留在语言符号的层面上,学习者就很难正确地理解篇章的意义。

三、语言图式在高校英语阅读教学中的作用

语言知识在英语阅读中起着重要的作用,是阅读理解的基础。一个读者不具有相应的语言图式方面的知识,则就不具备对所输入的信息语言进行编解码的最基本的能力,更谈不上根据文章的上下文线索去激活大脑中的内容图式和修辞图式,因而也不可能获得对文章的理解,扎实的语法知识才是阅读的前提。一般来说,初学英语的人在读有关中国风俗习惯的英文文章时,尽管他对文章的内容和形式十分熟悉,可他

还是会因大脑中缺少足够的英语语言图式、生词太多、不懂语法和句法结构而不能完全理解文章的内容。因此，在学习的初级阶段，语言图式是根据经验的推测也不能替代的解码，阅读者要提高自己的阅读水平，要掌握丰富的语义知识，深入了解该种语言的结构规律即句法，以帮助自己的联想。在高校阶段，学生阅读文章之前，教师除了给出生词词义和重点词组用法以外，还应对文章中结构复杂的句子进行分析，以帮助学生扫除阅读中的障碍。例如，With so much work filling my mind，I almost break down. “with+ 宾语 + 现代分词”的短语是独立主格结构，在句子中做状语，表示伴随状况。还有“I’d appreciate it if you would like to teach me how to use the computer”句子中的 it 为形式宾语，用于代替真正的宾语“if you would like to teach me how to use the computer”。

四、内容图式在高校英语阅读教学中的作用

内容图式有着浓厚的时代气息，现代社会高速发展，科学技术也在不断进步，读者若不及时跟上时代的步伐，阅读相关文章时就会出现理解问题。例如，在高考阅读理解中，试题的内容大多涉及现代生活各个方面的问题，如家庭教育问题、社会科学问题、电脑网络知识、人文地理问题、环境保护问题等。如果学生平时比较关注这些问题并具有相关的内容图式，就可以根据对文章的相关内容或主题猜测出文章的大致内容。

而随着学生语言水平增长到一定程度，语言图式的作用逐渐减弱，内容图式的作用逐步增强。此时，内容图式的作用就比读者的语言图式更重要。当阅读材料的语言隐晦难懂，学生无法使用“自下而上”的信息处理方式时，读者就只好使用“自上而下”的方式来处理，这时内容图式就发挥其巨大的作用。所以，有些学者认为，内容图式对语言水平低的读者的作用更大。因为内容图式可以帮助读者弥补语言能力上的不足，语言能力弱的读者解读文字信息，进行话语分析的能力较差，他们更加依赖于内容图式的引导去预测、推断出文字中隐含的意义。

具体来说，当学生对文章主题非常陌生时，即使不存在语言障碍，也会觉得阅读过程困难重重。例如，Three sturdy sisters sought proof，forging along sometimes through calm vastness，yet more often over turbulent peaks and valleys．Days became weeks as many doubters spread fearful rumors about the edge．At last，from nowhere，welcome winged creatures appeared，signifying momentous success. 这段文字的语法和词汇都比较简单，但对于读者来说仍然难以理解，使读者感到困惑的是“三姐妹是谁？”“寻找的证据是什么？”“峡谷、巅峰、旷野指什么？”“有翅膀的生灵是代表什么？”但是如果一旦被告知这篇文章的题目是 Christopher Columbus Discovering

America，具有相关背景知识的读者根据这一主题马上就会意识到三姐妹是指哥伦布的三艘船，她们为证实哥伦布的“地球是圆的”假想寻求证据。“峡谷、巅峰、旷野”指大海和波浪，而“有翅膀的生灵”是海鸟，暗示陆地在望。很明显，光有图式是不够的，我们还须在适当的时候激活图式，而文章的主题在这一激活过程中却扮演着极其重要的角色。由此可见，对语篇主题的熟悉程度在阅读理解过程中是十分重要的。

就像关于文章主题的知识一样，语篇的文化背景知识在阅读理解中也扮演着极其重要的角色。某一特定的内容图式可能对某个读者并不存在最明显的原因之一就是：图式有文化特性，该图式不是某个读者文化背景的一部分。布兰德福德（Brandsford）和约翰逊（Johnson）曾做过研究来比较本族语读者和非本族语读者在阅读和回忆有文化内容的文本内容时图式所起的作用。结果表明，本族语的读者理解力则更强，更能从本族文化中回忆复杂的文本内容，不论其中的句法和语义多么复杂，情况都是如此。

实践证明，学生头脑中的内容图式越多越完善，在阅读理解时被调用的概率就越大，就越能保证对文章意义的正确理解。所以，当学生的脑子里完全没有某方面知识的内容图式时，他们的阅读就会显得举步维艰。然而，有时他们虽然具备了所需的图式，但是因为图式的不完全或材料文字提供的信息不足或不清时，却只能激活大脑中某一个特定的图式，而不能激活大脑中所有的图式，因而造成阅读理解不全面，这就需要教师进行学法指导。

五、形式图式在高校英语阅读教学中的作用

如果学生的语言水平较低，对文章的内容也不熟悉，那么他在阅读时就会遇到极大的阻碍。但是，如果学生具有形式图式方面的知识，比较了解小说、人物传记、活动记述、科普小品和各类应用文，如信函、请柬、通知、便条、表格、图表、图示、标志等，寓言故事、戏剧、诗歌等体裁的结构及其特点，这将有助于学生按不同的体裁和结构去理解文章的内容。以广告为例，广告题材有其独特的特点，语言简练，行文中常常借助于短语的形式出现，并经常出现许多省略形式。以下是一则广告：“Learn a foreign language in six weeks，or your money back.”如果不熟悉该题材的学生可能不解其意，但是具备相关知识的学生就知道广告经常使用省略句，从而可以分析出这是一个省略句，其意思应为“We promise you can learn a foreign language in six weeks，or your money will be turned back”，这样理解速度就快得多。

各种图式在阅读中的作用极其重要。学生大脑中的这三种图式与文章的语言图式、内容图式和形式图式的相互作用程度决定了学生对文章的理解程度。这三种图式中，语言图式是内容图式和形式图式的基础，如果没有掌握相应的语言图式，学生就不具有识别文章中词、短语和句子的能力，也不具有利用文章提供的线索和信息来调用相

应的内容图式和形式图式的能力，更谈不上对文章的理解了。文章的内容图式、形式图式也是至关重要的，它们决定了学生对文章的理解程度，一方面起着预期作用，它可以帮助学生去考虑语境、排除歧义，对上下文进行预测，为准确地解释篇章内容提供参照和向导。在信息获取的过程中，在学生头脑中的知识图式的预期下，篇章中的内容与读者原有的图式知识交汇融合，学生头脑中的图式一个个被激活，构成新的、更具体的图式，从而完成理解过程。另一方面，图式起着帮助选择的作用。学生在理解时对所输入的信息材料的加工有所选择，他们常常选择一些自认为是重要的信息进行加工，并将之储存在记忆里。此外，图式对记忆还有着组织作用，理解与记忆密切联系。一般来说，理解的东西容易记住，并能长久地保持。人们在理解时，总是试图用自己原有的经验去解释，所以如果学生头脑中所具有的图式较丰富，将有利于读者理解、组织新的图式，从而有利于读者保持记忆。

参考文献

[1] 洪颖 . 大学英语教学创新研究 [M]. 北京：化学工业出版社，2022：7.

[2] 曾屹君 . 自主学习策略导向下的英语教学法研究 [M]. 北京：中国书籍出版社，2022：7.

[3] 刘彩梅编著 . 英语学习活动观实施方略 高中英语新教材阅读教学设计（外研版）[M]. 北京：中国国际广播出版社，2022：6.

[4] 吴朝霞，马之成 . 大学英语教学理论与实践研究 [M]. 长春：吉林摄影出版社，2022：1.

[5] 张迎丰 . 大学英语阅读与听力输入式教学探究 [M]. 武汉：华中科学技术大学出版社，2021：11.

[6] 周杰 . 阅读思辨洞见 高中英语阅读教学中批判性思维的培养 [M]. 上海：上海教育出版社，2021：11.

[7] 刘永莉 . 高校学术研究论著丛刊 人文社科 基于自主学习的大学英语教学理论与改革研究 [M]. 北京：中国书籍出版社，2021：10.

[8] 孙晓云，窦莹编 . 大学英语阅读提升教程 [M]. 北京：人民邮电出版社，2021：9.

[9] 杨杏园，赵爱华，李欢 . 高校英语技能训练研究 [M]. 长春：吉林人民出版社，2021：8.

[10] 罗娟作 . 大学生阅读理解能力研究 测评诊断与提升策略 [M]. 西安：西安交通大学出版社，2021：7.

[11] 张景 . 英语教学方法新探索 [M]. 长春：吉林出版集团股份有限公司，2021：7.

[12] 张丽丽 . 基于合作学习理论的英语专业教学实践研究 [M]. 北京：中国纺织出版社，2021：7.

[13] 高红梅，管艳郡，朱荣萍 . 高校英语教学创新性研究 [M]. 长春：吉林人民出版社，2021：6.

[14] 秦初阳，孙金凤，丽娜 . 跨文化视域下的高校英语教学理论体系重构探索 [M]. 长春：吉林人民出版社，2021：6.

[15] 孙鹤 . 大学英语教育教学理论与实践研究 [M]. 北京：中国纺织出版社，2021：6.

[16] 姚娟，徐丽华，娄良珍 . 高校英语阅读与翻译教学多维研究 [M]. 天津：天津科学技术出版社，2021：4.

[17] 敖娜仁图雅 . 英语阅读教学研究方法 [M]. 北京：外语教学与研究出版社，2021.

[18] 罗少茜，蒋宁 . 持续默读在英语阅读教学中的应用 [M]. 北京：外语教学与研究出版社，2021.

[19] 曾帅 . 语言学在高校英语阅读教学中的应用 [J]. 美眉，2022(9)：169-171.

[20] 常丽强 . 语用推理在高校英语阅读教学中的运用 [J]. 科教导刊（电子版），2022(3).

[21] 封杰 . 基于“产出导向法”的高校英语阅读教学研究 [J]. 山西青年，2022(4)：28-30.

[22] 杜清媛 . 高校英语阅读教学中茶文化的融合 [J]. 福建茶叶，2021(12)：89-90.

[23] 沈舒方 . 高校英语阅读教学中语言学的实践运用 [J]. 校园英语，2021(46)：9-10.

[24] 王云云 . 语篇分析在高校英语阅读教学中的运用 [J]. 海外英语，2021(12)：114-115，117.

[25] 王俊梅 . 高校英语阅读教学中语言学的运用与实践分析 [J]. 文渊（中学版），2021(1)：525.

[26] 邓超群 . 语篇分析在高校英语阅读教学中的运用 [J]. 空中美语，2021(5)：1040-1041.

[27] 李玮佳 . 新媒体环境下高校英语阅读教学探索 [J]. 世纪之星 交流版，2021(33)：7-8.

[28] 黄璐 . 高校英语阅读教学模式优化探析 [J]. 考试周刊，2018(84)：101，133.

[29] 张婧 . 诊断性测评在高校英语阅读教学中的应用 [J]. 大观周刊，2020(11)：137.

[30] 康晓秋，程幼强 . 高校英语教学改革与 CAI 的应用：浅谈“网络英语阅读与写作”[J]. 外语电化教学，2002(1)：26-29.

[31] 穆海博 . 高校英语阅读教学的现状与对策 [J]. 成都教育学院学报，2005.

[32] 焦文渊 . 语篇分析理论在高校英语阅读教学中的应用 [J]. 辽宁行政学院学报，2007，9(4)：2.

[33] 陈红，成祖堰 . 论高校英语阅读教学中学生思辨能力的培养 [J]. 语文学刊：外语教育与教学，2011(11)：3.

[34] 赵淑华 . 高校英语阅读教学方法改革探究 [J]. 吉林师范大学学报：人文社会科学版，2009(4)：3.

[35] 何玉静 . 高校英语阅读教学中的隐喻思维 [J]. 中国成人教育，2009(7)：1.